Arthur Kreuzer

Kriminologen – Kriminalisten – Andere Kriminelle

Erlebtes und Erlesenes rund um Verbrechen und Strafjustiz
Eine Realsatire

 Nomos

Titelgrafik: Kreidelithografie von Honoré Daumier (1808 – 1879). Erschienen in „Le Charivari" Nr. 20, 1838.

Arthur Kreuzer geboren 1938 in Hamburg. Volljurist. Promotion 1965. Richter in einer Jugendstrafkammer am Hamburger Landgericht und Universitätsdozent. Habilitation 1975 für Kriminologie und Strafrecht. 1976 bis zur Emeritierung 2006 Professor für Kriminologie, Jugendstrafrecht und Strafvollzug sowie Direktor des Instituts für Kriminologie an der Justus-Liebig-Universität Gießen. Über 600 Publikationen, auch in Tages- und Wochenzeitungen. Erfahrungen als Staatsanwalt, Strafverteidiger, Richter, empirischer Forscher, Universitätslehrer, Gutachter, kriminalpolitischer Berater. Bundesverdienstkreuz I. Kl., Beccaria-Medaille in Gold.

Die Deutsche Nationalbibliothek verzeichnet diese Publikation in der Deutschen Nationalbibliografie; detaillierte bibliografische Daten sind im Internet über http://dnb.d-nb.de abrufbar.

ISBN 978-3-8487-2176-4 (Print)
ISBN 978-3-8452-6490-5 (ePDF)

1. Auflage 2015

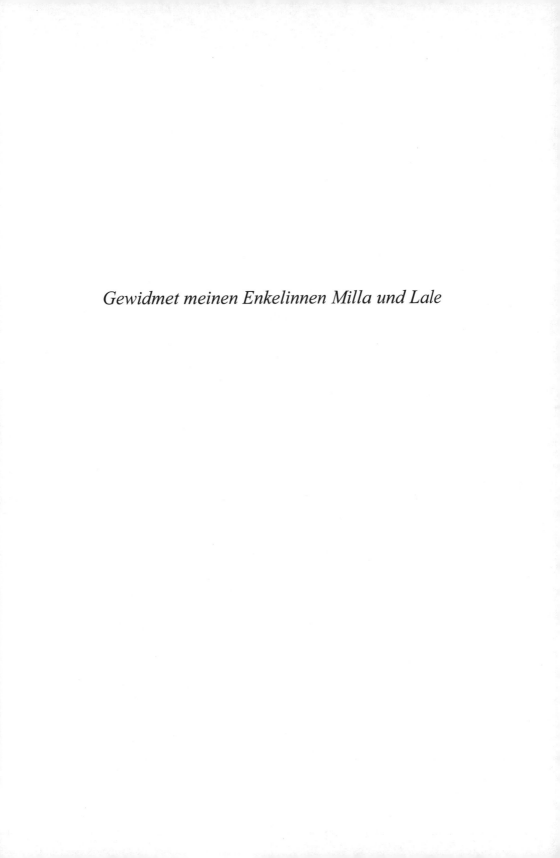

Gewidmet meinen Enkelinnen Milla und Lale

Vorwort

„*Das Verbrechen und wir*" – so hieß das vorjährige Buch des Verfassers mit Essays zur Einführung in Kriminologie und Kriminalpolitik. Ein fast provokanter Titel. Geht das Verbrechen uns alle an? Sind wir womöglich allesamt auch Verbrecher? Das Buch sollte anregen, sich mit Hintergründen dessen zu befassen, was wir tagtäglich erleben: In Phantasien, Gesprächen, Zeitungslektüre, Krimis, Fernsehen und Internet. Wir machen uns ein Bild von Kriminalität und Kriminalitätskontrolle. Das ist indes vorurteilsbehaftet. Warum nicht einmal darüber nachdenken auf Grund der Befunde von Wissenschaften?

Dieses neue Buch knüpft hier in gewisser Weise an. Es hat ebenfalls mit Verbrechen, Kriminalität und denen zu tun, die beruflich damit umgehen. Aber es wählt einen gänzlich anderen Zugang. Es zeigt die amüsanten Facetten dieses Gegenstandes auf. Es soll erheitern. Es erzählt Geschichten, die das Leben geschrieben hat. Mal amüsant, spaßig, humorvoll, mal lächerlich, skurril und makaber, mal tragikomisch. Gleichfalls eine Anregung, sich mit Hintergründen zu befassen. Vor allem geht es jedoch um Unterhaltung, Humor, Realsatire.

Die Geschichten zu verstehen setzt kein juristisches Spezialwissen voraus. Jeder kann sich an dem anekdotisch Geschilderten ergötzen. Dabei blickt er in Lebenswelten der angesprochenen Rechtsbrecher und derer, die beruflich mit ihnen zu tun haben: Diebe, Hochstapler, Mörder, Juristen, Kriminologen, Soziologen, Psychiater, Psychologen, Rechtsmediziner, Polizisten, Staatsanwälte, Verteidiger, Richter, Sozialarbeiter, Gefängnisbedienstete, Gerichtsreporter, Politiker, aber auch Geistliche und Ärzte – ob nun selbst in Verbrechen verstrickt oder als Gutachter und Betreuer von Straftätern. Schon *Karl Marx* hat sarkastisch festgestellt: Das Verbrechen schafft den Professor, der ihm Lehrbücher widmet, diese in den Markt wirft und damit Nationalreichtum mehrt. Es ernährt sogar viele weitere Berufsgruppen, darunter alle bereits genannten und nicht nur sie. Man denke etwa an Versicherungsgewerbe, Gesundheitswesen, Sicherheits- und Bestattungsunternehmen.

Manche der Geschichten werden Leser für unglaublich halten. Sie sind es oftmals. Und doch stammen sie aus dem Leben. Der Verfasser hat viele selbst erlebt, von anderen erfahren oder Justiz-Dokumenten, Zeitungsmel-

dungen und Autobiografien entnommen. In zahlreichen Berufsfeldern hat
er Erfahrungen gesammelt und Merkwürdiges erlebt: Als Student, Rechtsreferendar, Staatsanwalt, Jugendrichter, Professor für Strafrecht, Kriminologie und Strafvollzug, Strafverteidiger, Gutachter, Publizist und kriminalpolitischer Berater. Zudem als empirischer Forscher, der sich in Polizeien,
Kliniken, Gefängnissen, kriminellen Milieus aller Welt umgetan hat. Bei
realsatirischen Faschingsvorlesungen und öffentlichen Vorträgen wurde er
ermuntert, das doch einem breiteren Publikum zugänglich zu machen. Es
geschah ansatzweise in Beiträgen für Festschriften und Zeitungen. Nun
werden die Geschichten umfassend für die Allgemeinheit aufbereitet. Hof-
fentlich finden auch Sie Gefallen daran, genügend Anlass zu schmunzeln,
womöglich neue An- oder Einsichten.

Inhaltsverzeichnis

1. Von der Zunft deutscher Professoren an sich

In den ersten Kapiteln wird die geneigte Leserschaft in Berufswelten eingeführt, die sich mehr oder minder dem Verbrechen widmen: Wissenschaftler, Strafverfolger, Anwälte, Kriminalisten, Rechtsmediziner, Journalisten, Politiker. Der Autor bittet um Nachsicht dafür, dass er sich zunächst liebevoll seiner eigenen Zunft – den Professoren an sich und denen des Strafrechts und der Kriminologie im Besonderen – zuwendet.

Der zerstreute Zephir-Professor

Über den deutschen Professor und Gelehrten hatten spöttische Geister schon immer gut lachen.

So schrieb der junge Student beider Rechte *J. W. Goethe* 1765 vieldeutig an seinen Vater:

> „Sie können nicht glauben, was es eine schöne Sache um einen Professor ist. Ich bin ganz entzückt gewesen, da ich einige von diesen Leuten in ihrer Herrlichkeit sah."

Und *Friedrich Nietzsche* mokierte sich in *„Jenseits von Gut und Böse"* über den Gelehrten:

> „Im Verhältnis zu einem Genie, d.h. zu einem Wesen, welches entweder zeugt oder gebiert – beide Worte in ihrem höchsten Umfang genommen – hat der Gelehrte, der wissenschaftliche Durchschnittsmensch, immer etwas von der alten Jungfer: denn er versteht sich gleich dieser nicht auf die zwei wertvollsten Verrichtungen des Menschen. In der Tat, man gesteht ihnen beiden, den Gelehrten und den alten Jungfern, gleichsam zur Entschädigung die Achtbarkeit zu – und hat noch an dem Zwange dieses Zugeständnisses den gleichen Beisatz von Verdruss."

Über den C-4-(neuestens W-3-) Professor befindet der Zunftgenosse *Wulf Rehder*:

> „Der ureigentliche deutsche Professor ist aber der Ordinarius Prof. ord. oder o. Prof., der Zephir- (heute Wehdrei-) Professor, der Göttliche. Er ist es denn auch vorzüglich, auf den seine geringeren Mitbürger das respektvolle Attribut `zerstreut´ anwenden, wie das `hochkarätig´ auf eine Gemme. Seine sprichwörtliche Zerstreutheit ist seit Jahrhunderten als das Markenzeichen `made in Germany´ in viele Länder exportiert und dann bisweilen als Tiefe und Genia-

lität, als genuin Faustisches oder doch zumindest als etwas liebenswürdig Altmodisches interpretiert worden."

A propos Zerstreutheit. Dazu drei Begebenheiten aus dem beruflichen Leben des *Verfassers*:

– In der strafrechtlichen Examensarbeit stieß er 1962 auf eine der Abgrenzung von Mundraub und Diebstahl gewidmete Schrift des Kieler Strafrechtswissenschaftlers *Hellmuth Mayer*. Der hatte sich gut nachvollziehbar dafür eingesetzt, die den Langfingern ausgesetzte Marktfrau als Diebstahlsopfer strafrechtlich nicht schlechter zu stellen als das Warenhaus mit seinen Detektiven. Der Bundesgerichtshof hatte das anders beurteilt mithilfe der Technik scheinbar unwiderleglicher Argumentation: Seine Ansicht stimme „zweifellos" mit der Verkehrsauffassung überein. *Mayer* kommentierte: *„ʾZweifellosʿ – so etwas sollte ein Jurist niemals schreiben."* Darauf schrieb der Examenskandidat an den Professor, er wolle ihn in der Hausarbeit zitieren, dürfe aber nur juristisches Schrifttum nachweisen und wisse nun nicht, ob *Mayer* Jurist sei, da er sich im nämlichen Aufsatz selbst mehrmals entsprechender nicht-juristischer Argumentationstechnik bediene: Es seien *„keine Zweifel mehr erlaubt"*, *„ganz unzweideutig"*, es könne *„also kein Zweifel sein"*, *„leider kaum bezweifelt werden"*, *„natürlich"*. Eine Antwort kam nie.

– Nach jenem ersten Staatsexamen schickte der *Verfasser* – gerade promoviert mit einer arztstrafrechtlichen Arbeit – stolz dem verehrten Nestor dieser Disziplin, *Eberhard Schmidt,* sein Erstlingswerk. Der bedankte sich handschriftlich auf einem Postkartenbild *„Das Heidelberger Weinfass"*. Später, als Referendar, schickte der *Verfasser* ihm weitere arztstrafrechtliche Veröffentlichungen und erhielt wiederum das besagte *„Weinfass"*. Kaum war dies leer, erreichte ihn für dieselben Aufsätze zum Dank das dritte *„Weinfass"*.

– In einer Klinik liegend wurde der *Verfasser* Jahrzehnte später seiner eigenen Zerstreutheit gewahr, und zwar gerade in Gedanken zu Ähnlichkeiten zwischen Klinik- und Gefängnisseelsorge steckend. *„Guten Tag, Pfarrer Malesch"* murmelte ein älterer Herr, nach kurzem Klopfzeichen eintretend. *„Ach, Sie sind der Herr von der Gefängnisseelsorge?"* war die Antwort und – verblüfft den Versprecher als *Freudʾ*schen erkennend – entschuldigte sich der Patient.

Dass auch Professoren benachbarter Disziplinen das Gütesiegel *„zerstreuter Professor"* zu Recht führen, belegte *Marion Gräfin Dönhoff*, den Tübinger Politologen *Theodor Eschenburg* schildernd:

> „Sein Erscheinen war immer begleitet von hektischen Suchaktionen und telefonischen Fahndungen nach irgendwelchen lebenswichtigen Gegenständen. Entweder war der Hut im Schlafwagen hängen geblieben oder der Mantel im Speisewagen. Nur von der Pfeife trennte er sich nie. Als ich einmal *Konrad Adenauer*, kurz nachdem er Kanzler geworden war, im Palais Schaumburg besuchte, sagte er: `Jestern war de *Eschenburg* bei mir. Isch dachte, der plant en Attentat.´ Und dann beschrieb er, wie aus *Eschenburgs* rechter Jackentasche plötzlich kleine Rauchwölkchen aufstiegen. Der Professor hatte wieder einmal die brennende Pfeife einfach in die Tasche gesteckt, anstatt sie im Vorzimmer auf dem Aschenbecher abzulegen."

Der Hochstapler als Professor

Ausnahmsweise genügt es, in das begehrte Amt des Professors zu gelangen, wenn man sich die Fachsprache einer Wissenschaftssparte versiert genug aneignet. Sie ist in mancher Disziplin unentbehrliches, mitunter womöglich hinreichendes Rüstzeug, Kompetenz zu belegen oder trefflich vorzutäuschen. Die ZEIT schilderte einen solchen Fachvertreter:

> „Er war der Amtsarzt Dr. Dr. Clemens Bartholdy und der Richter Dr. Baerenbourg, er war Pastor und Staatsanwalt, Behördenleiter, sogar Professor. Der Papst empfing ihn zur Audienz, und Kardinal *Ratzinger* sandte ihm zur Hochzeit die besten Wünsche. Am vorläufigen Ende seiner abwechslungsreichen Karriere agierte der Mann als Oberarzt an einer psychiatrischen Klinik im Sächsischen. Zu allseitiger Zufriedenheit zwar, aber das zählte nicht. Vier Jahre lautete das Urteil für den Hochstapler *Gert Postel*. Jetzt ist der gelernte Postbote wieder frei. Ob er künftig Briefe zustellen will, ist nicht bekannt."

2. Von kriminellen Lehrern des Kriminalrechts und ihren Lehrwerken

Notwendigkeit und volkswirtschaftlicher Nutzen des Verbrechens

Die Vorstellung einer kriminalitätsfreien Gesellschaft führt zwangsläufig nach Utopia. Aber wer will sich das schon eingestehen? In einer Fabel – *„The Fable of the Bees"* – hatte der niederländische, in England wirkende Philosoph *Bernard de Mandeville* 1714 der Menschheit und namentlich der Volkswirtschaft den Spiegel vorgehalten: Nicht die Tugend, vielmehr das Laster sei Quelle allen Gemeinwohls. Kriminalität lässt sich also nicht beseitigen. Weil jedoch nicht sein kann, was nicht sein darf, wurde ein Exemplar der „Bienenfabel" öffentlich gehenkt.

Karl Marx – Juristensohn und ehemals Jurastudent – ging noch weiter. Ihm ist die Erkenntnis vom volkswirtschaftlichen Nutzen des Verbrechens und seiner Vermarktung in Lehrbüchern des Strafrechts zu verdanken:

> „Der Verbrecher produziert nicht nur das Verbrechen, sondern auch das Kriminalrecht. Damit auch den Professor, der Vorlesungen über das Kriminalrecht hält, und zudem das unvermeidliche Kompendium, worin dieser selbe Professor seine Vorträge als `Ware´ auf den allgemeinen Markt wirft. Damit tritt Vermehrung des Nationalreichtums ein."

Freilich mochten sich real-sozialistische Gesellschaftssysteme solch Erkenntnis ihres Patrons vom Nutzen des Verbrechens nicht öffnen. Führende Kriminalwissenschaftler der DDR lehrten noch 1983:

> „Mit der sowjetischen Kriminologie verstehen wir unter der Kriminalität eine in den antagonistischen Gesellschaftsformationen entstandene, klassenmäßig bedingte, historisch vergängliche soziale Erscheinung."

Bekanntlich erlitt das System des *„realen Sozialismus"* 1989 Schiffbruch. Schon zuvor hatte der aufgeklärte sowjetische Rechtswissenschaftler *Jakowlew* im intimen Rahmen eines Freiburger Forscherkolloquiums seine Skepsis gegenüber solcher Parteidoktrin durchblicken lassen. Die Frage, ob es mit dem Warten auf eine rechts- und kriminalitätsfreie kommunistische Gesellschaft so beschaffen sei wie mit dem christlichen Glauben an das jenseitige Paradies, wagte er so zu beantworten: Er verstehe zwar nichts vom Christentum, könne sich aber vorstellen, dass es ähnlich sei.

Freilich schien es auch im Westen Anhänger einer sozialistischen, kriminalitätsfreien Utopie zu geben. So belehrte die Kriminalsoziologin *Lieselotte Pongratz* eine Richterversammlung:

> „Schaffen Sie doch den Diebstahlsparagraphen ab, dann gibt es keinen Diebstahl mehr."

Wie *Marx* auch auf die Zunft der Strafrechtsprofessoren zielend erlaubte sich, aus professoraler Erfahrung schöpfend, der Strafvollzugskundler *Max* (nicht *Wilhelm*) *Busch* den aufschlussreichen Hinweis, die Berufsbezeichnung Professor gehe auf das lateinische profiteri zurück und deute damit auf das in ihm enthaltene Profit-Streben. Und weiter zu der Arbeitsmarkt-belebenden Bedeutung des Verbrechens:

> „Ganze Industriezweige beschäftigen sich mit der Herstellung von Sicherheitsschlössern, diebstahlssicheren Anlagen, Kastenschränken und anderen Anlagen bis hin zu Brustbeuteln. Nicht vergessen werden darf auch das Versicherungswesen, das mit Ausnahme der Ehegatten fast alles versichert, was uns wert und teuer ist und uns nicht gestohlen bleiben kann. Da sich die Gesamtkriminalität bei uns in Grenzen hält, sollte man dem Krankenhauswesen und den Beerdigungsinstituten in dieser Hinsicht keinen allzu hohen Stellenwert zuschreiben, doch sind auch sie an den stimulierenden Ankurbelungsbemühungen der Kriminellen für unsere Wirtschaft beteiligt. Insgesamt kann aus diesen Tatsachen der Schluss gezogen werden, dass es sich bei der Bekämpfung der Kriminalität um ein höchst fragwürdiges Tun handelt, das u. U. selbst kriminellen Charakter trägt."

Langweiliger und launiger Unterricht

Strafrechtslehre kann langweilig oder sogar spannend sein. Vorzugsweise wohl das Erste erleben Studierende. Beispielhaft für das Zweite steht einer der Strafrechtslehrer des *Verfassers: Claus Roxin*. In seinen *„Betrachtungen über die Vorlesung als unterhaltende Veranstaltung"* findet sich dies:

> „Ein Vortrag mag noch so gelehrt, seine Begrifflichkeit noch so exakt, die Darbietung des Stoffes noch so vollständig sein: Das alles nützt nichts, wenn die Hörer dabei einschlafen….Für Studenten sind solche Vorlesungen verlorene Zeit…Der Dozent, der es um einer vermeintlichen `Wissenschaftlichkeit´ willen verschmäht, sich auch in der Rolle des Entertainers zu versuchen, versündigt sich an seinem Lehrberuf."

Seine Hörer kann der Professor motivieren, wenn er – statt unangenehme Zwischenfragen nach dem Motto abzuwimmeln wie: *„Kommen Sie doch in meine Sprechstunde"* oder *„Mit Ihrer Frage nehmen Sie einen Teil mei-*

ner späteren Ausführungen vorweg" – eigene Wissenslücken einräumt
und an augenblicklichen Reflexionen teilnehmen lässt; solches wird dem
Kriminalwissenschaftler *Schüler-Springorum* anekdotisch attestiert:

> „Ich weiß nicht, ob Sie es verstanden haben. Mir ist es plötzlich klar gewor-
> den.“

Erziehung zu Subsumtionsmaschinen

Strafrechtslehrern wird vorgehalten, Studierende sehr abstrakt zu schulen
anhand oft weltfremder „Fälle“, sie zu dressieren wie Zirkusflöhe, sie zu
juristischen Subsumtionsmaschinen werden zu lassen. Der Rechtslehrer
Uwe Wesel drückt es so aus:

> „Am Ende des Studiums weiß der Student alles über Begrifflichkeiten und
> Straftaten. Aber fragen Sie ihn bloß nicht, was Gerechtigkeit ist. Das hat er
> nicht gehabt. Das kommt nicht dran, schon gar nicht im Examen. Sie werden
> so ausgebildet, dass sie immer in der Lage sind, die richtige Entscheidung zu
> treffen über Dinge, von denen sie überhaupt nichts verstehen.“

Nicht nur Weltfremdheit von Fallbearbeitungen ist zu rügen. Strafrecht
wird darüber hinaus in führenden Büchern gelehrt, ohne auch nur im Ge-
ringsten auf die Strafen selbst, das wissenschaftliche Handwerk ihrer Auswahl und Zumessung oder gar ihre Wirkungen einzugehen. Es leuchtet
ein: Der „Fall“ mit Wachsfiguren ohne Fleisch und Blut, mit Tätern ohne
menschliche Züge, ein Kunstprodukt aus der Retorte des Strafrechtsdog-
matikers, allenfalls strafrechtlichen Intellekt oder das, was man für einen
solchen hält, herausfordernd, nicht indes irgendwelche menschlichen Gefühle ansprechend, lässt Fragen nach angemessenen Strafen gar nicht erst
aufkommen. Da mutet es dann doch sympathisch an, wenn eine Studentin
in einer Fallbearbeitung konstatiert:

> „Die Radfahrerin war unstreitig ein Mensch.“

So ausgebildete Rechtsjünger suchen in der Praxis später nach „Straf-
rechtsproblemen“ und hören von erfahrenen Ausbildern, solche Probleme
solle man besser vergessen. Wenn sie sich tatsächlich stellten, solle man
sie *„wegdrücken“*, das Verfahren einstellen, sich auf wirkliche Probleme
der Menschen, der Beweisführung, der Verfahrensbewältigung, der Straf-
zumessung konzentrieren.

Schlimmer noch: Die so theoretisch Vorgebildeten verurteilen später
Menschen zu Freiheitsstrafen bis zum „Lebenslang“, ohne ganz überwie-

gend je eine Gefängniszelle von innen gesehen, mit einem Inhaftierten im Gefängnis über das in der Haft Erlebte gesprochen zu haben. Allenfalls erleben sie eine vom Anstaltsleiter begleitete „Gefängnisführung" („Zoo-Besuch"). Das gilt leider für Strafrechtslehrer ebenso wie für viele Staatsanwälte und Strafrichter. Der Gießener Kriminalwissenschaftler *Wolfgang Mittermaier* befand dazu:

> „Ohne einigermaßen genaue Kenntnis von dem Inhalt der Strafe kann doch wahrhaftig kein Jurist mit Erfolg strafrechtlich tätig sein."

Verhallt ist der Ruf des ehemaligen hessischen Strafvollzugsgestalters *Albert Krebs*, wonach jeder Rechtsreferendar ein Praktikum in einer Haftanstalt leisten solle. Hingegen bekannte dem *Verfasser* gegenüber ein namhafter strafrechtlicher Lehrbuchautor bei der Eröffnungsfeier einer nach *Mittermaier* benannten Einrichtung offenen Strafvollzugs freimütig, er betrete erstmals in seinem Leben ein Gefängnis.

Krieg zwischen strafrechtlichen Lehr- (Leer-)Schulen

Satirisch äußert sich der Kriminalwissenschaftler *Heinz Müller-Dietz* über Sinn oder Unsinn strafrechtsdogmatischer Lehrgebäude:

> „In der strafrechtlichen Landschaft stehen viele Rechtsfiguren herum. Nicht alle sind zu etwas nütze. Manche sind sogar ausgesprochen unnütz. Ihre Notwendigkeit beruht dann auf dem System, das sie benötigt, um eines zu sein."

Eine dieser hypertrophen Lehrfiguren ist die „strafrechtliche Handlungslehre". Um 1960 tobte der Krieg zwischen „*Kausalisten*" und „*Finalisten*", denen sich später noch „*Sozialisten*" zugesellten. *Hans Welzel* führte die Finalisten und die Hitliste von Strafrechtslehrern an. Sein Lehrbuch war Bestseller. *Claus Roxin,* damals frisch berufener Strafrechtsprofessor, probte den Aufstand. In der ehrbaren Zunftversammlung in Hamburg – Strafrechtslehrertagung – führte er orthodoxen Finalisten seine schonungslose Fehlerquellenanalyse vor; er warnte vor Dogmatismus und Begriffsjurisprudenz. In vorderster Reihe saß *Welzel.* Ungehalten äußerte der zu seinem finalen Nachbarn: *„Das hat man nun davon, wenn ein so junger Mann zum Ordinarius gemacht wird!"*

Lehrbuchkriminalität strafrechtsprofessoraler Schreibtischtäter

Herbert Jäger, Strafrechtsprofessor, hat 1973 erstmals Fälle einer *„Lehrbuchkriminalität"* ermittelt. Allesamt sind sie mit schwierigsten theoretischen Fragen der Kausalität verknüpft, weil beispielsweise

> „mehrere Personen, ohne das geringste voneinander zu wissen, gleichzeitig auf ihre Opfer schießen oder ihnen kurz nacheinander Gift in Kaffee oder Erfrischungsgetränke träufeln. Die unseligen Opfer müssen…ein Heer von Feinden haben, die alle nur auf eine günstige Gelegenheit zum Morden lauern und die in ihren hasserfüllten Motivationen und Verhaltensweisen auf seltsame, wohl allein parapsychologisch zu deutende Weise `gleichgeschaltet´ erscheinen. So gibt…B dem A Gift, der jedoch, noch ehe der Tod eintritt, den Schüssen des gleichfalls herbeigeeilten C erliegt…Meine vorläufige…Hypothese wäre, dass C dies nur des `abgebrochenen´ Kausalverlaufs wegen tut."

Und weiter:

> „Wie wenig ein Teil der Bevölkerung bisher mit den Erkenntnissen der Statistik vertraut ist, wird deutlich, wenn ein übervorsichtiger Lehrbuchtäter, bevor er den Erbonkel auf Reisen schickt, erst Erkundigungen darüber einzieht, dass jedes zehntausendste Flugzeug abstürzt und seit dem letzten Fehlstart schon wieder 9.999 Flüge stattgefunden haben. Da sich in den Fällen der Lehrbuchkriminalität sogar die Regeln der Statistik den strafrechtsdogmatischen Sachzwängen unterwerfen, stürzt natürlich auch diese Maschine planmäßig ab."

Schließlich:

> „Während eines Abendspaziergangs durch den Kurpark schießt der in Ehekonflikte verstrickte Täter auf seine Schwiegermutter, da sie seine Aussöhnungsbemühungen sabotiert. Ihr Tod tritt jedoch erst dadurch ein, dass sie bei einem überraschend losbrechenden Wirbelsturm von einer herabstürzenden Baumkrone erschlagen wird, nachdem sie zuvor von einem zufällig des Weges kommenden Kurgast unter diesen Baum getragen worden ist. Erst dem vereinten Einsatz von Verbrechen, Hilfsbereitschaft und Unwetter gelingt es, das vom Autor des Nachdenkens für wert befundene Kausalarrangement herzustellen."

Skurrile Lehrbuch-Verbrechen können sich sogar in der Gerichtswirklichkeit wiederfinden. So musste sich das Reichsgericht vor einem Jahrhundert mit dem Fall eines „strafbaren untauglichen Abtreibungsversuchs" einer Minderjährigen herumschlagen. Das Mädchen hatte sich vom Kuss ihres Freundes geschwängert gewähnt und dagegen auf den Rat einer Freundin in der Apotheke gekaufte Fruchtbonbons eingenommen. Doch Vernunft siegte über ein Lehrbuch-Konstrukt. Das Mädchen wurde höchstrichterlich freigesprochen.

Ob solcher Lehrbuchkriminalität willen, die in justizielle Praxis Eingang finden kann, wandte sich einst *Ludwig Thoma,* Advokat und Satiriker *(„Simplicissimus", „Jozef Filsers Briefwexel"),* untertänigst an sein königlich-bayerisches Justizministerium:

> „In Erwägung einerseits, dass die juristische Vorbildung zur Beurteilung von Tathandlungen und Tatbestandsmerkmalen unerlässlich erscheint, andererseits, dass die Anwendung die Kenntnis nicht nur der Gesetze, sondern auch ihrer Methoden und ihrer Entstehungsgeschichte erforderlich macht, in der weiteren Erwägung, dass zwar die Laien die Erscheinungen des Lebens, nicht aber ihre Subsumierung unter rechtliche Begriffe kennen, während hingegen der juristisch Gebildete, wenn auch nicht die Erscheinungen des Lebens, so doch ihre rechtliche Qualifikation zu würdigen weiß, ferner in der Erwägung, dass immerhin ein streng logisches Denken Schule und Übung verlangt und anerkanntermaßen gerade durch das systematische Zerlegen und Gliedern der Begriffe, wie solches als Hauptbestandteil des juristischen Studiums gelten kann, in der weiteren Erwägung, dass eine klare, dem Sprachgeiste angepasste Begründung des auf Anwendung gesetzlicher Bestimmungen auf Tathandlungen gefassten Urteils, insoferne und insoweit eine solche durch das Gesetz vorgeschrieben ist, während sie andererseits im Falle der Anfechtung die Unterlage der vom Berufungs- bzw. Revisionsrichter zu würdigenden teils formalprozessualen, teils materiellrechtlichen Tatsachen zu bilden hat, in der weiteren und schließlichen Erwägung, dass die deutsche Sprache hinreichend verdächtigt erscheint, gerade von den Juristen in der Richtung gegen die Vernunft gebraucht und verhunzt zu werden, obgleich die Vernunft keineswegs als Tatbestandsmerkmal der Jurisprudenz betrachtet werden kann, aus allen diesen Gründen ist der gehorsamst Unterfertigte zu der Überzeugung gekommen, dass die Strafkammern durch Laiengerichte zu ersetzen sind, auch wenn dieselben nur mit Packträgern besetzt werden müssten."

Insbesondere die sexuelle Devianz des Lehrbuch-Petting

Für ein spezifisches Phänomen der „Lehrbuchkriminalität" wird der neue Begriff des *„Lehrbuch-Petting"* vorgeschlagen. Petting ist definiert als: *„Sexueller Kontakt bis zum Orgasmus ohne Geschlechtsverkehr".* Kriminalpolitisch-generalpräventiv erscheint eine extensive Auslegung des Begriffs geboten. Massenmedial-virtuelle Kontakte sind dadurch einzubeziehen.

Weil in strafrechtlichen Lehr-Fällen Kunstfiguren agieren, tragen diese zumeist kongenial-künstliche Namen: A, B, X, Y oder auch Groß und Klein, Hinz und Kunz. Lustvolle, lüsterne, wenn nicht wollüstige Urheber solcher Kriminalität wählen jedoch prägnante Namensgebungen für männliche Täter und überwiegend weibliche Opfer. Wir begegnen Sexualstraftätern namens *Philippo Papageilo* an der Riviera, dem Gynäkologen *Frauenfeind* und Zahnarzt *Dr. Deflorian* als Lüstlingen während der Narkose ihrer Patientinnen, dem Zuhälter *Himmelstoß* und schlichten Vergewaltigern wie *August Geil*, den Herren *Lustbold, Lüdermann* und *Lüderjan*. Bei Frauen stößt man meist auf die dümmlich-naive Unschuld vom Lande, ferner auf angeblich nicht ganz unwillkommene Hinnahme männlicher Übergriffe – die Prostituierte *Freudenreich*, Frau *Klaps*, Frau *Puff, Frieda Lüstlein, Berta Bumske, Witwe Wüst*, die Fräuleins *Flittchen, Tugendsam* und *Sittenstreng*. Das Frauenbild der Autoren drückt sich in folgenden Textbeispielen des Lehrbuch-Petting aus:

–   *„Frau Emanz hatte ihren Mann mit Rat und Tat unterstützt, als sich dieser aus der sexuellen Misere seiner Ehe immer mehr möglichst jungen Knaben zuwandte...“*

–   *„Der Frauenarzt Dr. med. Fromm hat sich mit der Arzthelferin Tugendsam verlobt. Wenig später erhält er einen anonymen Anruf, der die T eines unsittlichen, haltlosen `Vorlebens' bezichtigt: Sie habe u. a. mehrfach bei `Engelmacherinnen' abgetrieben und sich dann bei Frauenarzt Dr. med. Himmel wegen auftretender Komplikationen behandeln lassen.“*

–   *„Frau Koofmich, deren Bildung langsamer gewachsen ist als das Vermögen ihres Mannes, äußert beim Damentee über Frau Tandler, diese sei eine Aphrodite. Frau Raffke, die das ebenso wie Frau Koofmich und die anderen anwesenden Damen für eine Bezugnahme auf den Lebenswandel von Frau Tandler hält, erwidert: `So hart kann man das vielleicht doch nicht ausdrücken; ich würde eher sagen, sie hält eben nicht viel vom Prinzip der monotonen Ehe.'“*

HIV-infizierte Strafrechtsforschung

So lange die Medizin noch kein heilendes Mittel gegen die tödliche Aids-Krankheit gefunden hat, verspricht sich mancher Wissenschaftler Hilfen ausgerechnet vom Strafrecht, wie es dezidiert ein Strafrechtsprofessor auf 44 Seitenspalten der Fachzeitschrift AIFO darlegt. Er wisse sich *„fein ziselierender Argumentation par profession verpflichtet.“*

Zu analysierende Rechtsfragen lauten bei ihm etwa:

–   „Stellt lebensbedrohender ungeschützter Geschlechtsverkehr bei sicherer Immission infektiösen Ejakulats und unsicherer, nicht erfolgter Vi-

rustransmission gegenüber einer gefahrwissenden Jugendlichen" versuchten Totschlag dar?

– Oder die vom Autor offen gelassenen Frage: „Ob und wann bei `sym-
metrischen´ Vorstellungsbildern von Immittierendem und Rezipienten
eine straf(tat)paralysierende Risikoübernahme durch den an Leib und
Leben Gefährdeten in Frage kommt."

– Solche Liebes-Partnerinnen pflegt der Autor feinfühlig zu bezeichnen
als „jugendliche Immissionspartnerin", „Ejakulat-Rezipientin", „ge-
fahrwissende Jugendliche", „risikoaufgeklärte minderjährige Immissi-
onsbegehrende".

Eine der zu würdigenden Fallkonstellationen wird so umrissen:

> „3. Die orale kondomungeschützte Penetration ohne Ejakulation (coitus inter-
> ruptus) mit anschließendem kondomgeschützten versuchten Analverkehr bis
> zum Samenerguß bei `asymmetrischem Risikowissen´."

Mittendrin stellt der Autor kalauernd eine Nähe zwischen Geschlechts-
und Straßenverkehr her:

> „Quantitativ, so ließe sich wohl annehmen, übersteige die durch ungeschütz-
> ten Geschlechtsverkehr vaginaler Art begründete Gefährdungsintensität, die
> der Infizierte seiner Partnerin zufüge, nicht das Tötungsrisiko, das der Kfz-
> Führer typischerweise setze...Was ihm recht sei, müsse dem HIV-Träger bil-
> lig sein..." „Wenn überhaupt, so lässt sich der HIV-Infizierte Immittent mit
> einem Autofahrer vergleichen, der mit überhöhter Geschwindigkeit durch
> eine belebte Straße fährt und sich – eigene Risikoparalysation ausschließend –
> die Hände an das Steuer gebunden hat; das `Plus´ an möglicher Gefahrenab-
> wehr durch Vorsorge der gefährdeten anderen Straßenbenutzer wird, so darf
> spekuliert werden, durch das `Minus´ an möglicher Risikoabwehr des Intim-
> partners nach erfolgter Immission `ausgeglichen´."

Einsichtig zeigt sich der Autor, wenn er den schwersten Vorwurf – den
des Totschlagsversuchs – abwendet, weil bedenkenswert sei,

> „dass das Wort Schlag nur mit Mühe in den gemeinsprachlichen Mund
> kommt, wenn subjektiv Liebe gespendet wird und der `Liebes-Tod´ in ferner
> Zukunft liegt." Denn: „Wer als Infizierter vorsätzlich infektiöses Ejakulat in
> seine ungeschützte Partnerin immittiert, tritt zu ihr in den engsten, je nur
> denkbaren Kontakt."

In diesem Zusammenhang begibt er sich in Medizin-sprachliche, sich dem
Stil von *Thomas Mann* gern nähernde Ausdrucksweise:

> „Wer der Ansicht ist, die Probabilität des letzten Ereignisses der Wahrschein-
> lichkeitenkette, in der die (praktisch sichere) Zuführung infektiösen Ejakulats
> (oder anderer Körperflüssigkeiten) zur (geringprobablen) Infektion, zur (bei

erfolgter Infektion wahrscheinlichen) Ausbildung des ARC-Syndroms, zum (dann überwiegend probablen) Ausbruch des Vollbildes AIDS und schließlich zum (in letzter Realisierungsstufe hochwahrscheinlichen) letalen Ende kommen könne, sei zu gering, um ein strafrechtlich relevantes Tötungsrisiko zu begründen, muss (ohne Rücksicht darauf, ob sich eine der in der Risikoliste genannten Gefahren realisierte) stets und erst recht bei fehlender Virustransmission ein versuchtes Tötungsdelikt ausschließen, gleichviel, wie die subjektiven Beziehungen von Infiziertem und Intimpartner zur Gefahrenlage im Moment des Intimkontaktes beschaffen waren."

(Nota bene: Niemand in der geneigten Leserschaft braucht sich zu schämen, bei erstmaligem Lesen solchen Satzes dessen gedankliche Fülle nicht erfasst und ihn wiederholten Lesens nicht für wert erachtet zu haben.)

3. Von kriminellen Kriminologen

Könige ohne Königreich

Was Laien mit dem Berufsbild des Kriminologen verbinden, erfuhr der *Verfasser* schon früh von seinem Patenkind und immer wieder, wenn er bei Geselligkeiten anderen vorgestellt wurde. Spontane Reaktionen: *„Toll, interessant, aufregend, prima, geil!"*. Anfängliche Begeisterung schwindet rasch nach dem nüchternen Hinweis, Kriminologie sei die Wissenschaft von der Kriminalität und ihrer Kontrolle, von gemeinschaftsschädigendem abweichendem Verhalten und seiner Verarbeitung in der Gesellschaft – jedenfalls nicht Kriminalistik, Spurenkunde, Suche nach dem Täter, nichts Blutiges.

Was Fachleute mit „Kriminologen" verbinden, ist diffus. Einer der ehemals Großen in der Zunft – *Herrmann Mannheim* – bezeichnete Kriminologen als *„Könige ohne Königreich"*. Es gibt jedenfalls kein klar konturiertes Berufsbild. Indes: Die monarchische Überhöhung trügt. Vielleicht taugen Kriminologen eher zum Narren am Königshof der Kriminalpolitik. Glücklich dürfen sie sich schätzen, wenn sie in ihrer Narrenfreiheit überhaupt geduldet, mitunter gehört, ganz selten sogar ein bisschen ernst genommen werden. Kann man sie denn überhaupt ernst nehmen, wenn man all das hier über sie liest?

Offenbar eint Kriminologen jedoch ein gewisses soziales Profil. Treffend wurde es von *Mrs. Rock* für ihre Landsleute formuliert:

> „Britische Kriminologen kennen einander…belehren einander…heiraten manchmal einander…lesen der anderen Werke…tuscheln übereinander…treffen sich regelmäßig auf Tagungen…in Ausschüssen…bilden ein soziales Milieu."

Es ist aber auch ein „Ranking" unter Kriminologen auszumachen. Ranking hat nicht nur mit Reihung nach Verdienst und Wertschätzung zu tun, sondern wohl zugleich mit Ränke oder Ranküne, Rivalität und heimlicher Machenschaft. Manche Kriminologen streiten sich mit verdecktem Visier um den Königssitz im fiktiven Reich. So gab ein professoraler Thronaspirant seinem Auditorium preis:

> „In Amerika gibt es viele berühmte, international bedeutende Kriminologen. Eine dieser Berühmtheiten ist *Freda Adler*. Sie ist meine Freundin." – Ge-

lächter –. „Natürlich nicht so, wie sie es verstehen." – Stolpern über das Mikrofonkabel. – Erneutes Gelächter –. „In Deutschland gibt es nur zwei international renommierte Kriminologen. Der andere lehrt in B-Stadt."

Manche Kriminologen sind Juristen, andere Soziologen oder „Psycho-Wissenschaftler", wenige sogar beides. Vor allem psychologische und medizinische Kriminologen erscheinen gelegentlich in Gerichten. Da gilt die Alltagsregel: *„Keine Krähe hackt der anderen ein Auge aus."* Im Alltag wird die Regel indes mitunter außer Kraft gesetzt:

- Da diffamierte etwa der jugendpsychiatrische Veteran *Curt Weinschenk* die Kriminologie in Bausch und Bogen als praxisfern, unbrauchbar, erfolglos; kriminologische Lehrstühle seien samt und sonders fehlbesetzt, da die Professoren nicht mehr zugleich Juristen und Nervenärzte seien. Umgekehrt riet einer der so Gescholtenen – *Alexander Böhm* –, man möge diesen Legasthenie-Forscher in die erste Reihe setzen, wenn man einen Vortragenden ärgern wolle. Dies Rezept erwies sich als wirksam.

- Oder es wurde die traditionelle Kriminalpsychiatrie blanker Korruption geziehen, als der Psychoanalytiker *Tilman Moser* vom *„Pakt einer repressiven Kriminalpsychiatrie"* mit der Strafjustiz schrieb. Ganz Unrecht hatte er freilich nicht. Manchmal stößt man auf psychiatrisch-betriebsblinde Experten und die naive Psychiatrisierung komplexer Probleme, um richterliche Entscheidungen zu erleichtern. Der Wiener Psychiater *Erwin Stransky* versuchte einst gar, *Hitler* wegen Größenwahns, Egozentrik, realitätsblinden Rassenwahns für geisteskrank zu erklären. Dann hätten seine vielen *„willigen Vollstrecker"* an selbiger Krankheit leiden müssen.

Sisters in Crime – Sisters in Criminology

Kriminalität, Kriminalrecht und Kriminologie waren lange Zeit Mannessache. Das Strafgesetz sei, befand eine Kriminologin, von Männern für Männer gemacht. Davon zeugt § 211 dieses Gesetzbuchs: *„Der Mörder wird...bestraft."* Wo bleibt die Mörderin? Männer haben mitunter ein gespaltenes Verhältnis zur gelegentlich auftauchenden weiblichen Täterin. Der Kriminalanthropologe *Cesare Lombroso* beispielsweise hielt der Frau in dem Buch *„Das Weib als Verbrecherin und Prostituierte"* vor, sie sei moralisch minderwertig; er führte ihre Verlogenheit auf physische Eigenheiten zurück. Der Psychiater *Paul Julius Möbius* schrieb 1900 *„Über den* *physiologischen Schwachsinn des Weibes"* und erachtete die Frau als wenig brauchbare Zeugin vor Gericht. Zu gleicher Zeit konstatierte der früh durch Selbsttötung aus dem Leben geschiedene Philosoph *Otto Weininger* gar eine *„ontologische Verlogenheit des Weibes"* ob seiner alleinigen Ausrichtung auf das Geschlechtliche.

Männlichen Zunftgenossen droht allerdings der Verlust ihrer Bastion. Ein wachsendes Heer junger Kriminologinnen munitioniert sich auf Kongressen, im Schrifttum und sogar auf Universitätsprofessuren. Bibliotheksregale ächzen unter der zunehmenden Last kritisch- oder radikalfeministischer Literatur. *Alice Schwarzer,* Amateur-Kriminologin, etwa befand:

> „Vor Justitia sind nicht alle gleich. Arme z.B. müssen nicht nur früher sterben als Reiche, sie müssen auch länger sitzen. Denn wir haben in der Bundesrepublik eine Klassenjustiz. Das ist bekannt. Weniger bekannt ist, dass wir auch eine Männerjustiz haben. Justitia ist ein Mann! Denn: Frauen werden für gleiche Taten oft härter verurteilt als Männer! Frauen haben schlechtere Haftbedingungen als Männer! Frauen werden seltener begnadigt als Männer!"

Marlies Dürkop seufzt über geringe weibliche Kriminalitätsanteile und findet des Rätsels Lösung: Die Unterdrückung der Frau stecke dahinter; nicht einmal in der Kriminalität werde sie ernst genommen. *Freda Adler* begrüßte die infolge der weiblichen Emanzipation erwarteten Scharen neuer weiblicher Straftäterinnen als *„sisters in crime".* Allerdings zögerte die Kriminalitätswirklichkeit, jene Theorie zu bestätigen, so dass die Kriminologin *v. d. Boogart* resignierend feststellte:

> „Es ist und bleibt ein Kreuz mit den Frauen, sie werden einfach nicht richtig kriminell, und das zu allen Zeiten und an allen Orten. Ihr Anteil an den Tatverdächtigen bleibt gering, ihre Taten sind eher harmlos; nur in wenigen Fällen töten Frauen, zumeist das Kind oder den Gatten."

Der geborene Verbrecher und neuere kriminologische Torheiten

Es war der Zürcher Pfarrer *Johann Kaspar Lavater* – Freund von *Goethe und Herder* –, der mit seiner *„Criminalphysiognomie"* Ende des 18. Jahrhunderts einen Baustein für die Kriminologie legte. Seine Erkenntnisse stützte er auf Untersuchungen an hingerichteten Straftätern. Es war zu selbiger Zeit der Göttinger Naturphilosoph *Georg Christoph Lichtenberg,* der vor einer *„Raserei der Physiognomik"* warnte:

Man könne *„den Menschen aus seiner äußeren Form nicht so beurteilen, wie die Viehhändler die Ochsen".* Und: *„Wenn die Physiognomik das wird, was Lavater von ihr erwartet, so wird man die Kinder aufhängen, ehe sie die Taten getan haben, die den Galgen verdienen. "*

Lombroso griff *Lavaters* Lehre auf und untersuchte venezianische Strafgefangene. Auf den Pfaden von *Charles Darwins* Evolutionslehre wandelnd, lehrte er 1876, der Verbrecher sei in der stammesgeschichtlichen Entwicklung zurückgeblieben; er sei schon als Verbrecher geboren. Verbrechertypen seien äußerlich erkennbar:

> „Diebe haben im allgemeinen sehr bewegliche Gesichtszüge und Hände; ihr Auge ist klein, unruhig, oft schielend...Die Mörder haben einen glasigen, eisigen, starren Blick, ihr Auge ist bisweilen blutunterlaufen...Im allgemeinen sind bei Verbrechern von Geburt die Ohren henkelförmig, das Haupthaar voll, der Bart spärlich, die Stirnhöhlen gewölbt, die Kinnlade enorm... – kurz ein mongolischer und bisweilen negerähnlicher Typus."

Noch in den zwanziger Jahren des vorigen Jahrhunderts wollte man Anhand des Schädels eines Serienmörders belegen, dass Mörder an Physiognomie oder Hirnauffälligkeiten erkennbar seien. Deswegen wurde der Kopf des gehenkten *Fritz Haarmann,* in Formalin präpariert, der Göttinger Rechtsmedizin überlassen. Erst 2014 gab man das Präparat frei zur Einäscherung und Bestattung – auch der Theorie?

Sogar in der Moderne gibt es immer wieder naive, einseitige biophysiologische und neurobiologische Ansätze, Verbrechen zu erklären: Da wollte eine Pharmakologin kriminelles Verhalten junger Leute auf zuviel Phosphat in der Nahrung zurückführen, so, wie andere Verbrechen mit Mangel an Litium erklären. Humangenetiker fanden bei *Richard Speck,* der in Chicago acht Schwesternschülerinnen umgebracht hatte, ein überzähliges Y-Chromosom; mit der XYX-Anordnung meinte man, das *„Mörderchromosom"* gefunden zu haben. In mehreren deutschen Universitätskliniken wurden operative Eingriffe an der Hirnanhangsdrüse vorgenommen, und zwar bei sexuell abnormen und bei drogenabhängigen Straftätern. Heilend wollte man einen biologischen *„Kreislauf süchtigen Verhaltens"* durchbrechen, der kriminell mache. Solche *„Stereotaxie"* wurde erst nach Rückfälligkeit eines und Operationstod eines anderen Patienten unterbunden.

Neuestens leugnen Neurobiologen jegliche menschliche Entscheidungsfreiheit und damit Verantwortlichkeit; unser Verhalten sei durch kausale neuronale Vorgänge im Hirn vollständig determiniert; *„Verschaltungen legen uns fest". Lombroso* und *Lavater* scheinen nach einem Bericht der

BILD-Zeitung von 2013 über Erkenntnisse des Neurobiologen *Gerhard Roth* wiedergeboren zu werden. *„Hier sitzt das Böse!"* titelte das Massenblatt; der Bremer Hirnforscher habe das Böse in unseren Köpfen gefunden; es sitze in den vorderen Zentrallappen des Gehirns. Drei Tätergruppen könne man nach ihrem Gefahrenpotential unterscheiden: Psychisch gesunde, impulsiv-reaktive und psychopathische Gewalttätige. Die letzte Gruppe sei besonders gefährlich, weil charmant, ohne Mitleid, größenwahnsinnig, unfähig, aus Misserfolgen zu lernen. Zu ihr gehörten *Adolf Hitler, Josef Stalin, Mao Tse Tung.* Konsequent denkt man an neurobiologisch gestützte Möglichkeiten frühen Erkennens und Vorbeugens.

Gelegentlich müssen allerdings Kriminologen für wirklich oder vermeintlich naive Lehren verbal oder tatsächlich Ohrfeigen hinnehmen. So erging es dem Kriminalpsychologen *Hans-Jürgen Eysenck* in der *London School of Economics.* Dort wurde er verprügelt wegen seiner Thesen zur Vererbung von Intelligenz und kriminellen Dispositionen. Verbalinjurien war auch der medienstarke Kriminologe *Christian Pfeiffer* ausgesetzt, als er in den neuen Bundesländern erhöhte rechtsextremistische Jugendgewalt ausgemacht und sie mit autoritärer kollektiver Früherziehung in Verbindung gebracht hatte (in den Kinderkrippen seien alle gleichzeitig auf Töpfchen gesetzt worden). In wütenden Leserbriefen fand sich diese Kritik eines Pädagogen:

> „Ich erlaube mir, dem Herrn Professor auf diesem Wege die Quintessenz meiner ganz privaten Forschungen zum gleichen Thema mitzuteilen: Kinder, die man zum Schuleintrittsalter in die Hosen machen lässt, neigen als erwachsene Professoren dazu, unten – und auch obenrum – nicht ganz dicht zu sein."

Manche Ohrfeige aus eigenen Reihen gilt sogar der ganzen Disziplin. *Mary Tuck* – Kriminologin im englischen Home-Office – fragte durchaus nicht ironisch, ob Kriminologie von irgendeinem Nutzen sei. Als ein Beispiel – vermeintlicher – Nutzlosigkeit führte sie die USA an:

> „Wir alle bewundern und respektieren die US-Kriminologie; gleichwohl erkennen wir, dass die USA die größten Kriminalitätsraten, die am stärksten überlasteten und höchst unwirksamen Justizsysteme haben und die schrecklichsten Gefängnisse der westlichen Welt."

Naivismen der Theorie dringen nicht selten in das Selbstverständnis von Kriminellen als Rechtfertigungsstützen. So hielt ein polizeilicher Ermittlungsbericht dies fest:

> „Beim Erklettern eines von vier rotznasigen Jugendlichen angesägten Hochsitzes ist ein 64-jähriger Jäger... schwer verletzt worden. Die 13-jährigen Jun-

gen wurden... schnell gefasst und gestanden sogar, noch sieben weitere Hochsitze angesäbelt zu haben. Allgemein verblüffend war jedoch die Begründung für ihren Schabernack. Die vier Klugscheißer machten nämlich `gestörte familiäre Verhältnisse´ und `pubertäre Schwierigkeiten´ für ihre Taten verantwortlich."

In einem vom *Verfasser* mit veranstalteten psychiatrisch-forensischen Seminar berichtete die Gutachtenpatientin über ihre Tötung des tyrannischen Vaters. Der Emigrant aus dem Anatolischen hatte über Frau und Töchter geherrscht. Jeglicher Kontakt zu deutschen Männern war unterbunden. Die 17-jährige war heimlich mit einem Deutschen befreundet, besorgte sich schließlich über diesen eine Waffe, lauerte dem Vater an dessen Arbeitsplatz auf und erschoss ihn. Eine Vertreterin des Frauenhauses rief ihr im Seminar zu: *„Du musstest so handeln; das war auch gut; dafür darf man Dich nicht bestrafen!"* Darauf die weise ehemalige Kriminologie-Professorin *Anne-Eva Brauneck* treffend:

„Lassen Sie sich so etwas nicht einreden. Sie hätten Ihren Vater nicht töten dürfen. Es gab andere Möglichkeiten zu helfen. Aber das Gericht wird Verständnis für Ihre Lage haben, und Sie müssen nicht mit langer Strafe rechnen."

Kriminologen als Langfinger und Lüstlinge

Sogar bei Kriminologen geht gelegentlich wissenschaftliches Bemühen in praktische Anwendung über. Das Dunkelfeld professoraler Kriminalität harrt hierzulande noch wissenschaftlicher Aufhellung. Zwei Beispiele aus den USA müssen genügen:

– Die amerikanische Kriminologie-Gesellschaft entschuldigte sich in ihrem Mitteilungsblatt:

„Bei dem jüngsten Jahreskongress der Gesellschaft wechselten einige von der Rolle des Verbrechensforschers in die des Kriminellen. Folge ist, dass viele Bücher aus der Bücherausstellung geklaut worden sind...Der Vorstand drückt seine tiefste Betroffenheit über dieses Verhalten aus und möchte sich bei den Verlagen...entschuldigen."

– Gehen wir von der Eigentums- zur Sexualkriminalität über: *„Sexual Harassment"* ist anhaltend ein Reizthema für amerikanische Frauen, Studierende, Kriminologinnen und Gesetzgeber. *„Campus-Polizei"* sieht sich besonderen Aufgaben gegenüber. Eine Frauensektion der genannten Fachgesellschaft untersuchte sexuelle Belästigungen und Misshandlungen auf dem Campus speziell von Lehrpersonen der Kriminologie gegenüber Studentinnen. Viele schilderten Vorfälle. Sie reichten von bloßer „Anmache" über die Aushändigung von Pornografie zur Auswertung bis zur Verweigerung weiterer wissenschaftlicher Betreuung ohne sexuelles Entgegenkommen:

> „Er weigerte sich, meine Forschungsdaten in den Computer einzugeben, wenn ich mich nicht für einige Sexualakte zur Verfügung stellte. Ich wies das zurück und machte alles selbst."

Der Kriminologe schnüffelt im Privatleben des Politikers

Im Kriminologenleben kann es amüsant und bizarr zugehen. Auf einem Tagungsempfang erlebte der *Verfasser* dies: Am einen und am anderen Ende einer Essenstafel werden – unabhängig voneinander – zwei Geschichten erzählt. Hier berichtet der Kriminologieprofessor: Er sei mit seiner Frau im Münchener Englischen Garten spazieren gegangen und dem Ministerpräsidenten *Franz-Josef Strauß* begegnet. Abends habe er mit Besuchern darüber gesprochen; *Strauß* habe einen langen blauen Mantel getragen. Des Professors Frau: *„Nein, der war braun!"* Er: *„Ich wette, dass er blau war!"* Sie: *„Du musst mir einen Fernseher kaufen, wenn Du die Wette verlierst!"* Tags darauf Anruf in der Staatskanzlei. Er ließ sich in einer dringenden Sache mit dem persönlichen Referenten verbinden. Der dachte wohl, es ginge um eine hochpolitische oder kriminelle Sache; beruhigt darüber, dass es sich bloß um eine Wette handele, recherchierte er und meldete zurück: *„F.-J. S. war wirklich im Park und trug einen braunen Mantel."* Wetten, dass die Frau noch heute auf den Fernseher wartet? – Just jener Referent sitzt am anderen Ende der Tafel und berichtet: In der Staatskanzlei fasse man sich an den Kopf:

> „Was Rechtsprofessoren an Sorgen haben! Da ruft mich doch ein Kriminologe an und muss unbedingt die Mantelfarbe des Ministerpräsidenten wissen, nur für eine Wette!"

Kriminologisches „Starkdeutsch"

„Starkdeutsch" gehört zum Verbrechen der Sprach-Misshandlung. Es harrt noch strafgesetzgeberischer Erfassung. Zu der Tätergruppe gehören namentlich Kriminalsoziologen. Zwei Beispiele:

– In einer Untersuchung über *„Lebenslängliche"* wird die Stichprobe der Untersuchten beschrieben als *„eine durch gesellschaftliche Sanktionsinstanzen selektierte Teilpopulation aus einer Grundgesamtheit unterschiedlichst sanktionierter Tötungsdelinquenz."* Das heimische Nest nach Haftentlassung wird als *„postmurale Präprokreationsfamilie"* tituliert. Und wahrscheinlich in Tarifverträgen des Gefängnisses findet der Autor *„das extrinsische Relevanz-Kriterium der monetären Gratifikation".* Um verborgenes Fremdgehen verheirateter Gefangener handelt es sich vermutlich, wenn dieser Forscher *„diskreditierende außerfamiliäre Prä-Stigma-Kontakte"* anspricht. Gegen solche muss man nicht eine Detektei bemühen, sondern ein *„Stigmamanagement".*

– In einer Studie kritischer Polizeiforschung finden sich diese Satz-Ungetüme:

> „Der Trend weist zu einem technizistischen und dadurch besonders störanfälligen Gesellschaftssystem, in dem die Polizei zwangsläufig zur Allkompetenz determiniert ist."

> „…Ich meine, die Umformung der konventionellen differenzierten polizeifunktionalen Infrastrukturen zur technizistischen Polizeifunktionalität mit ihren zu erwartenden polizeiinternen und -externen Negativwirkungen…" „Die Industriegesellschaft optimiert und formiert sich zu einem komplexen, interdependenten und gegen delinquente Eingriffe höchst störanfälligen technizistischen System, das eine entsprechende Polizei benötigt: im höchsten Grade effektiv und effizient."

4. Von Studierenden des Rechts und anderen kriminellen Azubis

Wissenschaftliche und praktische Kriminalitätsübungen

Rechtsstudierende sind nach den Delinquenzbefragungen des *Verfassers* in eigener Straffälligkeit nur durchschnittlich engagiert, nicht besser, aber auch nicht schlechter als angehende Mediziner, Lehrer oder Theologen: Vier von fünf berichten, schon einmal oder öfter Fahrgeld hinterzogen oder gestohlen zu haben; jeder Zehnte hat mal im Laden geklaut, an Schlägereien teilgenommen, fremde Sachen beschädigt oder Haschisch geraucht; bei Diebstählen aus Bibliotheken liegen allerdings Jura- und Theologiestudenten ganz vorn – es sind eben Bücherstudien; durchweg erweisen sich die Kommilitoninnen als weniger praktisch erfahren.

Manche überragen indes kriminelles Mittelmaß. Man kann schon gut vorbereitet in das Jurastudium eintreten, die höhere Schule des Verbrechens mit Zertifikat absolviert haben: Ein Strafanstaltsleiter fragte bei dem *Verfasser* – seinerzeit Dekan der Rechtsfakultät – an, ob ein langjährig wegen Totschlags Inhaftierter nach seiner bevorstehenden Strafrestaussetzung Jura studieren dürfe – zur „Bewährung". Er durfte. Andere holen praktische Erfahrungen nach; man nennt das wohl *„die praktische Studienzeit"*:

– Weltbekannt ist jener Rechtsstudent namens *Burkhard Driest,* der nach zehn Semestern wegen Bankraubs zu fünf Jahren Zuchthaus verurteilt wurde. Seine *„Verrohung des Franz Blum"* wurde Bestseller. Trotz zwischenzeitlicher Berühmtheit als Autor, Schauspieler und Filmemacher musste er sich 1980 erneut wegen Vergewaltigung einer Schauspielerin vor Gericht in Santa Monica verantworten.
– Solche Hochleistung noch zu übertrumpfen, schickte sich ein Münchener nach bestandenem Juraexamen an. Neun Banküberfälle führten zu neun Jahren Freiheitsstrafe. Er habe den ihm verhassten Beruf eines Juristen nicht ausüben wollen, dies jedoch seinen Eltern nicht zu gestehen gewagt, da er der erste „Studierte" in seiner Familie gewesen sei.
– Ein 23-jähriger Jura-Student legte die Schule seines Vaters, eines Grundschulrektors, in Schutt und Asche, half sodann als Mitglied der Freiwilligen Feuerwehr eifrig beim Löschen mit und gestand vor Gericht weitere fünf Brandstiftungen in Augsburger Universitätsbauten.

Doch sind wir hierzulande noch entwicklungsfähig. Beträchtlich höher –
man könnte kulturkritisch auch sagen: niedriger – erscheint das Kriminali-
täts- und Strafniveau nämlich in den USA. So wurde 1989 der ehemalige
Jura-Student *Ted Bundy* in Florida auf dem elektrischen Stuhl hingerichtet. Zehn Jahre zuvor war er wegen dreier Sexualmorde verurteilt worden.
Vergeblich hatte er am Tag vor der Exekution einen nochmaligen Voll-
streckungsaufschub mit dem Versprechen zu erwirken versucht, 20 weitere Frauenmorde zu gestehen. Mindestens 50 solcher Morde dürften es tatsächlich gewesen sein. Viermal – zuletzt 2008 – wurde seine Lebensgeschichte verfilmt.

Aber auch mit ganz bescheidenen Mitteln können Studiosi der Jurispru-
denz Schlagzeilen mit satirisch-krimineller Relevanz machen:

– Um 1960 saßen in der Studienzeit des *Verfassers* ein Rechts- und ein
  Medizinstudent in der Hamburger Mensa bei ihrem Eintopfessen. Der
  Jurist fragte entsetzt-neugierig, was denn das Ding auf seiner Gabel
  sei. Der Mediziner diagnostizierte einen Mauseschwanz. Am nächsten
  Tag titelte BILD: *„Mauseschwanz in Mensaessen"*.
– Zehn Tage rätselten Polizei, Medien und Ufo-Experten, was es mit
  plötzlich auftretenden kreisförmigen Gebilden in holsteinischen Korn-
  feldern auf sich habe. *„Außerirdischen Phänomenen"* meinte man auf
  der Spur zu sein. Dann offenbarten vier Kieler Jura-Studenten einem
  Kamerateam des Norddeutschen Rundfunks ihren Trick. Auf Stelzen
  seien sie durch das Getreide geschlichen, hätten eine Leine als Zirkel
  gespannt und das Korn mit einem Holzbalken niedergewalzt.

Kriminelle Stilblüten von Studierenden des Strafrechts

Leider ist der Vorschlag des *Verfassers,* für einen neuen Straftatbestand
der Sprachmisshandlung noch nicht vom sonst geradezu kriminalisie-
rungsbesessenen Gesetzgeber in Berlin aufgegriffen worden:

> „§ 323 d StGB: Wer die deutsche Sprache oder andere gleich bedeutende Kul-
> turgüter misshandelt oder verunglimpft, wird mit Freiheitsstrafe bis zu zwei
> Jahren oder mit Geldstrafe bestraft."

Zur Begründung nachfolgend eine kleine Auswahl derartiger Misshandlungen, die Professoren der Kriminalwissenschaften bei Korrekturen von
strafrechtlichen oder kriminologischen Hausarbeiten und Klausuren immer wieder zum Schmunzeln oder Kopfschütteln bringen.

Dem des Lateinischen Kundigen werden Verballhornungen von Fremd-
wörtern weh tun:

- *„Condictio sine qua non."*
- *„Der Chirurg C ambudierte die Geschwulz lege arztis."*
- *„Der Schuss führt zu einem aberatio ictus."*
- *„Hier hat A mit einem apparatio ictus zugeschlagen."*
- *„Der apparazio ictus funktioniert nicht."*

Mit der Kausalität im Strafrecht nimmt es einer nicht so genau: *„...mit an
Wahrscheinlichkeit grenzender Sicherheit"* sei der Täter überführt.

Ganz und gar nichts anfangen können viele mit der Indikation der
Rechtswidrigkeit für ein straftatbestandsmäßiges Handeln. Die Rechtswidrigkeit wird *„impliziert – induziert – integriert – intrigiert – imitiert – in-
spiriert – indexiert –* schließlich sogar *infiziert"*.

Gehen wir spazieren durch den Katalog der Straftatbestände, so markie-
ren Mord und Totschlag wichtige Wegstationen. Mancher prüft, wenn A
auf den Polizisten B schießt, zuerst Beleidigung, dann Sachbeschädigung
wegen des Lochs in der Uniform, zuletzt Mord. Und dieser muss selbstredend qualitätsvoll sein, denn § 211 scheint Maßstäbe für gutes Töten zu
setzen:

> „Der Tötungsentschluss des A könnte auch den qualitativen Anforderungen
> eines Mordes gemäß § 211 II entsprechen."

Manche Täter haben Pech: *„Es fehlt noch am Erfolg (Todeseintritt)...M ist
unproblematisch nicht tot."*

Immerhin wird der Unterschied von Mensch und Tier meist erkannt:

- *„Eine Sache ist alles, was nicht menschlich ist. Als Hund ist Rex nicht
  menschlich, also ist er eine Sache."*
- *„Richtig ist es wohl, den Beamten auch mal Mensch sein zu lassen."*

Nächst Mord verleitet Selbsttötung zu sozialphilosophischen Reflexionen:

- *„Der Suizid kann einem Menschen auf Jahre den Lebensmut nehmen."*
- *„Jeder Suizid hinterlässt ein unersetzbares soziales Loch."*
- *„Der Selbstmord ist nach handelsüblicher Lehre straflos."*

Mit Körperverletzungen strafrechtlich angemessen umzugehen, gelingt
Studierenden oft ebenso wenig wie Kurpfuschern die Therapie:

– *„E hat §§ 229, 230 begangen. "*
– Körperverletzung liege nicht vor, *„da die Schutzfunktion der §§ 223 ff. StGB nur auf die körperliche Integrität zielt und nicht auf das Selbstbestimmungsrecht, das ein Freiheitsdelikt darstellt. "*
– *„Gesundheitsbeschädigung ist jedes Beeinträchtigen eines pathologischen Zustandes. "*
– *„Der Nasenbruch entstellt nicht den Körper, da er nicht auf Dauer ist, und E hat die Nase auch nicht verloren. "*

Offenbar zu Recht rügen Ärzte fehlendes Verständnis von Juristen für medizinische Belange:

– *„Es fragt sich, ob auch ein anderer Arzt, der auf das Leistungsvermögen des A zugeschnitten ist, in der betreffenden Situation die P ordnungsgemäß aufgeklärt hätte. "*
– *„Eine schonungslose Aufklärung könnte eine fahrlässige strafrechtliche Verantwortlichkeit begründen. "*
– *„B beabsichtigte, einen gelungenen Heileingriff bei P vorzunehmen. "*

Ebenso misstrauisch sollte man wohl gegenüber juristischen Einschätzungen der Alkoholisierung im Straßenverkehr sein:

– *„Absolut fahruntüchtig ist ein Fahrer bei 1,3‰, der BGH schon bei 1,1 ‰. "*
– *„Fraglich ist, ob ein Alkoholgehalt von 0,7‰ ausreicht, ein Fahrzeug sicher zu führen. "*

Es sei der verehrten Leserschaft zu entscheiden anheim gegeben, ob folgende Sentenzen angehender Juristen von großer oder fehlender Kenntnis in rebus sexualibus oder sogar von verborgenen Wünschen in eindeutig zweideutigen sprachlichen Wendungen zeugen:

– *„Hier erhebt sich sofort die Frage, ob J i.S.d. § 175 StGB ein Mann ist. Er ist zwar männlichen Geschlechts. Das kann aber für § 175 StGB nicht ausreichen. "*
– *„Er konnte jedoch z. Zt. des Trinkens nicht damit rechnen, dass er eine schwere Unzucht zwischen Männern begehen würde, nachdem er sich vorher nur auf Frauen konzentriert hatte. "*
– *„Es sei hier unterstellt, dass das wollüstige Gefühl des Exhibitionisten dem Gefühl eines Onanisten gleichsteht. Dies führt dann zum BGH. "*

- *„Glieder sind durch Gelenke verbundene Teile des Körpers. Nicht um-fasst ist im Gliedbegriff das innere Organ, ferner ist eine herausragen-de Funktion nötig."*
- *„Die A wollte nicht nur die wirtschaftliche Potenz des X mindern."*
- *„A griff mit beiden Händen in die Auslagen der Geschäftsinhaberin."*
- *„Trotz ihres jugendlichen Alters kannte die A schon die Garantenstel-lung, da sie mit einem älteren Mann zusammenlebte."*
- *„Zur Erfüllung des Vergewaltigungstatbestandes muss J die W noch geschlechtlich missbrauchen. Dessen war er sich auch bewusst."*
- *„Die Frau war noch Herr ihrer Sinne."*

Womöglich bislang unbekannte Leiden diagnostizieren junge Lehrbuch-kriminelle bei Diebstahlsdelikten:

- *„Dazu müsste B Werkzeugeigenschaft besitzen, d.h. er müsste an einem Strafbarkeitsmangel leiden. B hatte keine Zueignungsabsicht. B litt somit an einem Strafbarkeitsmangel und besaß daher Werkzeugei-genschaft."*
- *„In dem Kinnhaken, den B dem A versetzte, könnte ein räuberischer Diebstahl gemäß § 252 liegen."*
- *„Einbrechen ist als Geschäftseröffnung mit der Brechstange anzuse-hen."*
- *„Der Wagen wurde vom Herrschaftswillen des K getragen."*
- *„B hat den Juwelier aus seiner Eigentümerposition verdrängt und sei-nem Vermögen einverleibt."*
- *„M dringt durch den falschen Schlüssel in den Spind ein."*
- *„Ein Brief ist im Sinne des Gesetzes eine fremde rechtswidrige Sache."*

Kriminelle Stilblüten aus kriminologischen Klausuren

Aufgefordert, Beispiele für typische kriminalbiologische Fragstellungen und Methoden zu benennen, äußern Studierende neue Einsichten etwa da-rüber, dass eine Wissenschaft wie die Kriminologie testamentarisch ver-macht werden könne oder dass ein Forschungszweig wahrscheinlich mit der Trennung siamesischer Zwillinge arbeite:

- *„Ist Kriminologie vererbbar? – „Ist Kriminalität vererbbar?" – „Ist Kriminologie erblich?"*
- *„Gibt es einen Zusammenhang zwischen kriminologischen Erkenntnis-sen und psychischen Eigenschaften?"*

- *„Ist der Mensch zum Aggressionstrieb verleitbar?"*
- *„Die Person besteht aus den Trieben und ihrer eigenen Gefasstheit der Gefühle."*
- *„Beobachtungen bei eineiigen Zwillingen, die getrennt wurden und die zusammen aufwuchsen. Straffälligkeit gleich, Partner wurde immer mitbestraft."*
- *„Zwillingsforschung befasst sich mit der Frage, ob Kriminalität in den Genen der Menschen eingebaut ist."*
- *„Gibt es unterschiedliche Verhaltensweisen bei straffälligen Jugendlichen mit verschiedenen Geschlechtern?"*

Merkwürdige Vorstellungen offenbaren sich zum Wesen theoriegeleiteten, hypothesengestützten Forschens – die Metapher eines Methodologen verfremdend:

- *„Theorien sind wie ein Netz, das über die Wirklichkeit geworfen wird. Brocken, die man fängt, sind Fakten. Je mehr man fängt, desto dichter wird das Netz. Danach werden die Fakten sortiert. Das ist hier geschehen."*
- *„Hypothesen sollen abgeschafft werden, indem man Beweise findet."*

Bedenkenswert für unsere Zunft ist diese kriminalökologische Frage: *„Welche Schäden entstehen der Volkswirtschaft durch Kriminologie?"*

Ein Student machte auf moderne Sklavenmärkte aufmerksam: *„Der Ladeninhaber notiert den Einkaufswert jedes Gefangenen."*

Zur Entstehung von Jugendkriminalität befand ein anderer:

> „Auch die fehlenden Bezugspersonen, nämlich beide Elternteile, während der Pubertät, sind Erziehungsmängel."

Unglaubliches rund um juristische Examina

Schummeln in Examina ist noch nicht strafbar – auch hier harrt eine „Strafbarkeitslücke" der Schließung durch den sonst so strafwütigen Gesetzgeber. Ein breit gefächerter Markt von *„Ghostwritern"* bietet sich allen Hilfesuchenden. Heutzutage läuft fast alles über das Internet.

- In München bestand ein als Examensschreiber erfahrener Anwalt gegen ein Honorar von damals DM 50.000 die schriftliche und mündliche Prüfung für einen zuvor schon mal durchgefallenen Jungjuristen. *„U-Boot"* heißt das.

- *Karl-Otto Gantert* soll einer der größten „Anbieter" in den alten Bundesländern gewesen sein. Im Angebot: Der Geistschreiber fertigte gegen einen Seitenpreis von DM 50-150 Haus-, Diplom- und Doktorarbeiten. Große Nachfrage bestand unter Juristen und Betriebswirtschaftlern. Es gab keine Erfolgsgarantie, bei Dissertationen aber Nachbesserungen.

Prüfer der beiden juristischen Staatsexamen wurden allzeit als entweder zu streng oder zu milde bewertet:

- Ein zu strenger richterlicher Prüfer namens *Kübel* wurde drastisch in Referendarkreisen als *„Blutkübel"* oder wegen häufigen Grinsens *„lächelndes Fallbeil"* etikettiert.
- Zu milde Prüfer karikierte *Rudolf von Ihering* vor 100 Jahren:

  „Wäre Bismarck seinerzeit durch das Examen gefallen, so existierte das Deutsche Reich nicht. Die Stimme eines einzelnen Examinators kann das Schicksal Europas bestimmen – gewiss eines der triftigsten Motive für die Milde der Examinatoren."
- Der Rostocker Strafrechtsprofessor *Friedrich Wachenfeld* soll einen Kandidaten im Examen gefragt haben:

  „`Welche Strafe steht auf Diebstahl?´ Antwort: `Todesstrafe´. Wachenfeld, der schwerhörig war, meinte falsch verstanden zu haben und wiederholte die Frage. Der Gefragte erwiderte mit lauter Stimme: `Die Todesstrafe´. `Ach ja´, entgegnete der Professor, `Sie meinen natürlich, wenn Mord dazu kommt. Sehr richtig.´"

Wenn Referendare oder „Assis" aus der Rolle fallen

Vier Begebenheiten, überwiegend aus der Zeit praktisch-juristischer Ausbildung des *Verfassers,* deuten an, dass man auch Rechtsjüngern gegenüber auf der Hut sein sollte:

- Zu Zeiten der dreieinhalbjährigen Referendarzeit erlaubten sich drei Rechtspraktikanten während einer Sitzungspause im niederbayerischen Amtsgericht diesen makaberen Scherz: Sie riefen die im Flur wartende, wegen eines Verkehrsdelikts angeklagte ältere Dame vom Lande herein, postierten sich als Staatsanwalt, Verteidiger und Richter und verhandelten kurz und bündig: Der Anklagevertreter verlangte hartes abschreckendes Durchgreifen mit Todesstrafe; der Verteidiger plädierte auf Milde wegen des reuevollen Geständnisses; der Richter verhängte die Todesstrafe. Die Frau brach zusammen. Vollstreckt wurde diese Strafe – beruflich gesehen – an den drei Rechtsjüngern.

– Die letzte Station des Referendariats war für den *Verfasser* das Oberlandesgericht. Dessen Toiletten für das Publikum hatten kein Papier. Im Bedarfsfall musste sich der Referendar in der zuständigen Geschäftsstelle versorgen lassen. Diesen Casus machte er zu einem des Gemeinwohls. Vom Präsidialrichter verwiesen auf den Hausmeister, erklärte dieser lapidar: *„Geht nicht, Klopapier wird sonst geklaut"* – brav jenen von *August Bettermann* erkannten drei Grundregeln deutscher Verwaltung folgend: *„1. Noch nie so gemacht, 2. Schon immer so gemacht, 3. Kann ja jeder kommen."* Erst ein energischer Schriftwechsel mit dem Gesundheitsamt samt Hinweis auf mögliche Pressereaktionen bewirkten Abhilfe. Seither erfreuen sich Referendare und Publikum besserer hygienischer Verhältnisse im Hohen Hanseatischen Oberlandesgericht zu Hamburg.

– Als Gerichtsassessor in einer Jugendstrafkammer hatte der *Verfasser* den Sprecher der Rechtsreferendare auszubilden. Der war als echter „68er" tiefrot, in seinen Vorstellungen marxistisch, auf Systemveränderung eingefärbt. Soziale Theorie und Praxis fielen auseinander. Am Kantinentisch der Kammer besorgte man reihum den Kaffee. Als er dran war, lehnte er ab: *„Ich bin doch nicht Ihr Kuli!"* Im vollen Bus bot der Ausbilder einer alten Frau seinen Sitzplatz an. Erstaunt darüber äußerte der Referendar, in diesem System sei das soziale Flickschusterei, das System sei nicht von unten nach oben reparabel. Jeden von ihm erbetenen Entscheidungsvorschlag leitete er exkulpierend ein: *„Auf dem Boden Ihres Systems würde ich folgendermaßen entscheiden."* Später schrieb der Ausbilder in das Stationszeugnis, der Referendar zeige weit überdurchschnittliche Kenntnisse und Fähigkeiten in dem von ihm abgelehnten System. Diesem dient er heute als renommierter Strafverteidiger. Aus Überzeugung?

– Das Unerhörteste, was man von der Zunft der Rechtsjünger an Gerichten und Universitäten wohl berichten kann, spielte sich 1999 in Rom ab. Zwei Assistenten des rechtsphilosophischen Universitätsinstituts hatten sich strafrechtlich zu verantworten. Sie sollen eine Kommilitonin erschossen haben, um zu beweisen, dass es *„das perfekte Verbrechen"* gebe. Tatsächlich stießen Ermittler auf eine Mauer des Schweigens: bei dem Direktor (*„Meinen Mitarbeitern habe ich lediglich gesagt, dass sie die Sache* – gemeint waren vorangegangene seminaristische Überlegungen zum „perfekten Verbrechen" – *auf sich beruhen* *lassen sollen. Wir wissen nichts. Der Mensch ist nun mal ein böses Tier, was will man machen.* "); bei der Sekretärin, die erst nach dem 13. Verhör zugab, einen dumpfen Knall gehört, einen der Beschuldigten mit einer Pistole gesehen zu haben; schließlich bei einem Hilfsassistenten, der solches ebenfalls wahrgenommen haben soll, aber weiterhin schwieg. Die Karriere der beiden als ehrgeizig geschilderten Assistenten sei nun beendet, meinte ein Ermittler. Doch einer von denen erwiderte lachend: *„Sie fängt jetzt erst richtig an."* Das Geheimnis des „perfekten Mordes", so sollen beide in dem Seminar früher doziert haben, sei das Fehlen von Motiv und Waffe. Italien sei nun, so befand ein Beobachter, *„in zwei Glaubensschulen geteilt, in colpevisti und innocentisti, in Verfechter der Schuld- oder Unschuldstheorien."* Das Verfahren verlief offenbar im Sande.

Doktor Knastologiae

Karl-Theodor Freiherr zu Guttenberg hat gezeigt, wie sehr selbst Politiker geneigt sein können, sich hochstaplerisch zusätzlich mit dem Doktor-Titel zu schmücken. Die *„Guttenplag"*-Internetrecherche listete 1218 Plagiatsfragmente aus 135 Quellen auf 371 von 393 Seiten seiner mit der Höchstnote bewerteten Dissertation auf. In der Hochschultätigkeit des *Verfassers* kam es zu mancher Begegnung mit solchen „Doktoranden":

- Eines Tages fragte der Amtsgerichtspräsident an, ob der Professor einen Referendar *B.* als Doktorand betreue. Dieser war mit diversen Gerichtsakten erwischt worden. Er habe sich darauf berufen, Unterlagen für eine als Dissertation betreute Aktenuntersuchung zum Thema Datenschutz zu besorgen. Er war dem Professor jedoch gänzlich unbekannt.
- *W.* – wegen Betrugs langzeitinhaftiert – gab in der Haftanstalt Werl ein *„Strafvollzugsarchiv"* heraus. Darin sollten regelmäßig bislang unbekannte Haftentscheidungen publiziert werden. Der *Verfasser* führte mit seinem Mitarbeiter eine Untersuchung zur Gefängnisüberfüllung durch. Deswegen besuchte sein Doktorand jenen *W.,* um weiteres Material zu sichten. Er kam mit leeren Händen und dem Wunsch zurück, ihm Material zuzuleiten. Dem Wunsch wurde entsprochen. Bald erfuhr das Team aus einem Presseinterview des *W.,* er betreue einen Doktorand an unserer Universität. Stutzig geworden entnahm der *Verfasser*

einem späteren Rundfunkinterview des Gefangenen, der von ihm betreute Doktorand habe seine Promotion erfolgreich abgeschlossen.
Richtig daran war einzig, dass der Mitarbeiter des Professors seine Arbeit inzwischen publiziert hatte. Nach seiner Entlassung hat sich *W.* als
Unternehmensberater niedergelassen.

– Eine aufmerksame Doktorandin teilte dem *Verfasser* 1994 mit, sie habe sein Buch *„Alte Menschen als Täter und Opfer"* von 1992 gelesen,
bald darauf unter demselben Titel in einem anderen Verlag das Werk
eines *G.* gefunden. Der gesamte Text sei identisch, nur nicht der Ver-
fassername. Auf Rückfrage bei dem Verlag des Total-Plagiats nach et-
waiger vorangegangener Lektoratsprüfung wurde mitgeteilt, das Ma-
nuskript sei als Münsteraner Dissertation angenommen und so zum
Druck angeboten worden. Wegen der Qualität des Textes habe man
von der Vorlage eines Universitätsgutachtens abgesehen. Eigene Re-
cherchen ergaben dies: Zwei weitere von *G.* plagiierte Bücher namhafter Autoren fanden sich im Büchermarkt. Eine Strafanzeige bei der
Staatsanwaltschaft endete mit der Verfahrenseinstellung wegen ander-
weiter Ermittlungen in 100 Betrugsfällen. *G.* wurde erstmals 1994 in
Osnabrück wegen unzähliger Betrüge verurteilt. 1995 folgte in Oldenburg eine Verurteilung zu fast sechs Jahren Freiheitsstrafe. Dem Urteil
entnimmt man, G habe in Münster und Osnabrück mehrere vergebliche
Anläufe zu juristischen Studien unternommen, aber nicht einmal die
Zwischenprüfung bestanden. Dennoch gab er sich als Jurist, Kriminologe, Rechtsanwalt, Doktor aus, ließ sich eine Anwaltskanzlei einrich-
ten, wirkte als Repetitor, war Dozent. Er bediente sich einer gefälsch-
ten, mit dem Titel des genannten Buchs versehenen Doktorurkunde,
manipulierte Kreditkarten, charterte ein Flugzeug, ließ eine Studentin
als Anwaltssekretärin arbeiten, gab falsche eidesstattliche Versicherun-
gen ab, ließ sich auf Rechnung einer fiktiven Firma *„Jet Set Charter-
Flug-Service"* beliefern und nahm selbstverständlich Mitarbeiter, Ho-
tels, Ärzte und Handwerker zum Null-Tarif in Anspruch. Unbeirrt setzte er das alles noch während der Prozesse fort. Von Gutachtern wurde
er mal als an der *„Pseudologia phantastica"* psychisch leidend und nur
vermindert verantwortlich eingestuft, mal als voll verantwortlich, weil
es eine solche Krankheitsform nie gegeben habe und er nur neurotisch
gestört sei (*„histrionische Persönlichkeitsstörung"*).

5. Von garstiger und gestrenger, lachender und lächerlicher Justitia

„Tote sprechen" – oder was sonst Referendare in der Strafjustiz lernen können

Amtsgericht Hamburg-Altona 1965. Der *Verfasser* war als Referendar in der ersten Station dem *„Herrn Rat K."* zugeteilt. Dessen „Azubis" mussten immer präsent sein, wurden aber als lästiges Übel betrachtet, höchstens zu subalternen Diensten benötigt, fast nie in Beratungen einbezogen. Auf dem Weg zum Gerichtssaal durfte man Robe und Gesetzessammlung dem *„Herrn Rat"* voraustragen. Dann war man – wenn nicht als Protokollführer eingesetzt – auf die Zuhörerbank verbannt. Als vom Richtertisch ein Aktenstück fiel und der Wachtmeister beflissen herbeieilte, wies ihn *„Herr Rat"* zurück: *„Wozu habe ich meine Herren Referendare!"*

Straßenverkehrssachen dominierten. Bekannt für seine harte Linie, bei gewöhnlichen Alkoholfahrern Haftstrafen ohne Bewährung zu verhängen, mussten auch die schriftlichen Urteilsgründe Abschreckung künden. In Urteilsentwürfe war der unverzichtbare Satz – Motto sozusagen der *„Altonaer Rechtsprechung kurzer Freiheitsstrafen für Verkehrssünder"* – einzufügen: *„Die jährlich über 10.000 Verkehrstoten sprechen eine beredte Sprache."* Über beredte Tote wusste übrigens auch mal die *„tageszeitung"* zu berichten: *„1674 Drogentote verlangen neue Politik."*

Etwas gekränkt in seiner Eitelkeit und Unfehlbarkeit erfuhr *„Herr Rat"*, dass man ihm mit dem *Verfasser* einen strafrechtlich durch Promotion ausgewiesenen und in der Materie publizierenden Probanden zugeteilt hatte. Das Stationszeugnis bot die Chance angemessener Revanche: *„Referendar K. konnte seine Kenntnisse im materiellen und formellen Strafrecht deutlich verbessern."*

Bemerkenswert weiter das Verständnis des *„Herrn Rats"* für die Bedeutung des *„letzten Wortes"* von Angeklagten. Bereits während der Plädoyers und eventueller Schlussworte Angeklagter pflegte er den Urteilstenor niederzuschreiben, um stracks darauf das Urteil zu verkünden. Da wagte es doch ein armer Sünder, ganz unüblich diese Niederschrift durch ein ausgedehntes letztes Wort mit weinender Beteuerung seiner Reue zu stören. „*Trrrrrotzdem!*" entfuhr es „*Herrn Rat*"; sprang auf und verkündete „*Im Namen des Volkes*" das längst festgelegte Urteil.

Als ein Vergewaltigungsprozess anstand, instruierte „*Herr Rat*" seine Auszubildenden über die allgemeine Unglaubwürdigkeit angeblicher „*Notzuchtsopfer*". So habe er einmal in Sachen einer angeblich in der Nacht vor ihrer Hochzeit in St. Pauli im selbst geführten Lokal von einem Gast vergewaltigten Wirtin zu befinden gehabt. Bei der Zeugenvernehmung in die Enge getrieben, habe sie schließlich ratlos gefragt: „*Und wie soll ich jetzt meine Ehre wiederherstellen?*"

Ganz anders dann Erfahrungen bei dem nächsten Strafrichter – „*Volksrichter F.*" benannt, nicht ob einer NS-Vergangenheit, vielmehr ob seiner Kunst, dem Volke auf's Maul zu schauen. Im Betrugsprozess sollte der Anzeigende bekunden, vom Altwagenhändler über's Ohr gehauen worden zu sein. „*Sind Sie vom Angeklagten betrogen worden?*" Längeres Zögern – Kopfschütteln. Der Staatsanwalt fürchtet um das einzige Beweismittel. Nochmals der Richter: „*Hem'se De bescheiten?*" (Was hochdeutsch soviel wie „beschissen" heißt). Erlösende Antwort: „*Det kenn man woll seggen, Herr Rat!*"

Mal hatte es der Volksrichter zu tun mit einem bärbeißigen Anwalt *Dr. B.* – als Nazi-Todesurteilbeteiligter gerade freiwillig aus dem Richterstand geschieden, nunmehr anwaltlich und publizistisch als Justizkritiker wirkend. Angeklagt wegen Betrugs war ein Schrotthändler. Der schwieg beharrlich lächelnd auf die wiederholte Frage, warum er die fraglichen Geschäfte nicht im Geschäftsbuch vermerkt habe. Darauf der Richter: „*Ihr Grinsen sagt mir genug!*" Der Verteidiger empört: „*Grinsen als Beweismittel – das ist ja das Letzte!*" Und zum *Verfasser* gewandt, der als Protokollführer eingesetzt war: „*Eine widerwärtige Verhandlungsführung!*" Leise ihm zuflüsternd dieser: „*Das soll ich wohl nicht im Protokoll aufnehmen?*"

Ein Referendarkollege berichtete von solcher Art Strafrichter: Er habe den Ausbilder gefragt, wieso er Verfahren sogar bei Einbruchsdiebstahl – damals noch Verbrechen und somit keiner Verfahrenseinstellung zugänglich – gesetzeswidrig wegen Geringfügigkeit einstelle. Die Antwort: „*Herr Referendar, das machen wir schon immer so in Wandsbek!*" Seither war die „*Wandsbeker Strafprozessordnung*" geflügeltes Wort in Referendarkreisen. In diesem Sinn gestand eines Tages derselbe Richter seinem Azubi ganz aufgeregt: „*Gestern habe ich mal in die Strafprozessordnung geguckt – da stehen ja Sachen drin!*"

Von Geschäften mit Gerechtigkeit, Verfahrensdeals und richterlichem Zubrot

Schon in seiner Station bei der Staatsanwaltschaft hatte der *Verfasser* von Hintergründen merkwürdiger Verfahrenseinstellungen gegen Bußgeldzahlungen erfahren. Sein Ausbilder lehrte ihn zunächst die wichtigsten Arbeitsregeln: Der morgendliche Aktenberg sei bis zum Abend abzutragen. Darauf zu achten sei, dass eine Sache möglichst nicht zur Wiedervorlage komme, denn das sei eine vermeidbare Arbeitsbelastung. Man müsse ein Gespür dafür entwickeln, was nach möglicher Verfahrenseinstellung *„rieche"*, um dann zu prüfen, ob sich ein Geschädigter beschweren werde; sei das nicht zu erwarten, stelle man das Verfahren wegen geringer Schuld ein, möglichst gegen eine Bußgeldzahlung. Was da als geringfügige Schuld bewertet wurde, reichte bis zu millionenschweren Wirtschaftsbetrügen, die allemal viel Arbeit und Fachwissen erfordern, will man sie zur Anklage bringen. Meistens waren es jedoch in dieser Abteilung Straßenverkehrssachen. Auf die Frage des Referendars, warum sehr hohe Bußgelder regelmäßig ein und demselben verkehrswissenschaftlichen Institut zugewiesen würden, kam die erhellende Antwort:

> „Das kommt doch indirekt uns Verkehrsstaatsanwälten und -richtern zugute. Das Institut hat uns eine Reise nach Südafrika ermöglicht zur Erkundung der dortigen Verkehrsverhältnisse. Nun ist eine Reise nach Moskau geplant, um die berühmte U-Bahn kennenzulernen."

Zu solchen Wohltaten gehörten gleichfalls beträchtliche Honorare an Justizangehörige für Vortragsveranstaltungen in Programmen zur Vorbeugung gegen Gefahren alkoholisierten Fahrens. Das Wort vom *„Zubrot"* der Justiz machte die Runde. Und dann flog alles eines Tages auf. Mancher Richter, Staatsanwalt oder Wachtmeister wurde disziplinarisch gemaßregelt. Der zuständige Oberstaatsanwalt *v. B.* nahm sich das Leben. Die Stadt schuf einen überwachten Topf für Bußgelder bei der Staatskasse. 1975 begradigte der Bundesgesetzgeber das bis dahin ohne gesetzliche Grundlage praktizierte Verfahren durch den neuen § 153 a Strafprozessordnung. Nun konnten ohne schlechtes Gewissen nach gemeinnützigen Leistungen in unbegrenzter Höhe Strafverfahren eingestellt, später nach weiterer gesetzlicher Öffnung Freiheitsstrafen zur Bewährung ausgesetzt oder verhältnismäßig kurz bemessen werden. Nicht nur berühmte Sportler, Wirtschafter und Politiker wie *Boris Becker, Steffi Graf, Peter Hartz* oder *Helmut Kohl* profitierten davon.

Solche „*Verfahrensdeals*" – vornehmer als Verfahrensabsprachen tituliert – hatten längst vor der Gesetzesregelung grassiert und wurden danach eher noch beliebter. Lange Zeit hatte man das „*Dealen*" offiziell geleugnet. Erst als unter dem Pseudonym „*Detlev Deal aus Mauschelhausen*" Hans-Joachim Weider – seinerzeit bekannter Strafverteidiger – das heikle Thema offen in einer Fachzeitschrift aufgegriffen und der SPIEGEL groteske Beispiele gebracht hatte, ließ es sich nicht mehr abtun. Nun gab auch ein mit dem Vorsitz einer Großen Strafkammer betrauter Richter vom Oberlandesgericht zum Besten: In der Strafkammer habe er mehr „*Vergleiche*" oder „*Deals*" erlebt als in Zivilverfahren, obwohl dort doch der Prozessvergleich gesetzlich zugelassen sei. Und ein Gerichtsberichterstatter rügte, der Vorsitzende einer Strafkammer habe vor lauter Dealerei die Regeln der Prozessordnung vergessen.

Der Kriminologe *Klaus Sessar* wusste gar aus einer der untersuchten Akten über Tötungsdelikte folgenden markanten Fall zu berichten:

„Ein angetrunkener Akademiker (errechneter Blutalkohol 1,62 Promille) (hatte) eine Prostituierte nach vollendetem Geschlechtsverkehr gewürgt, um wieder zu seinem Geld zu kommen. Die Polizei nahm versuchten Mord an, der Staatsanwalt erwog einen Strafbefehlsantrag wegen Rauschtat in Zusammenhang mit vorsätzlichem Tötungsversuch, ließ sich dann aber auf Verhandlungen über die Einstellung des Verfahrens ein, da der Verdächtige um seine Karriere fürchtete (er sollte demnächst eine leitende Position im Öffentlichen Dienst antreten)… Aktenvermerk: `Mit dem Beschuldigten habe ich sodann eine Einstellungsmöglichkeit nach § 153 StPO erörtert, die nicht leicht falle, jedoch bei einer freiwilligen Bußgeldzahlung – Größenordnung 500 bis 800 DM – unter Berücksichtigung der besonderen Umstände in Erwägung zu ziehen sei. Der Beschuldigte wäre mit dieser Regelung einverstanden.´ Das Verfahren wurde sodann in diesem Sinne erledigt."

Ganz nebenbei: Auch sonst lassen sich gelegentlich Richter nicht um ein „*Zubrot*" lumpen, wenn es ihnen schmackhaft gemacht wird. In einem „*sensiblen Nazi-Verbrecherprozess*" war das Gericht auffällig oft gereist – „*nach Israel, Polen, Australien, Argentinien, Belgien, Kanada, Österreich und in die USA.*" Unmut hatte sich bei auswärtigen Regierungen gezeigt. Dennoch war das Gericht weiter gejettet. „*Erst eine Dienstreise nach Los Angeles und Miami mit Urlaubsstation in Jamaika…ließ die Bochumer `Law Tours Inc.´, wie Kollegen schon bald die Reisegruppe bespöttelten, auffliegen.*" Daraufhin mussten sich um 1990 fünf Rechtsdiener wegen betrügerischer Abrechnung der Kosten von 20 Dienstreisen verantworten.

Wie man Jugendrichter wird

Ehe er Jugendrichter in einer Jugendstrafkammer wurde, wirkte der *Verfasser* auf eigenen Wunsch zunächst als Staatsanwalt. Nur sechs Wochen. Dabei ereignete sich so manches, wie etwa der erwähnte Suizid eines Abteilungsleiters. Oder ein schwerer Treppensturz eines Wachtmeisters, welcher auf der Betriebsfeier seines Dezernats zu viel getrunken hatte, was prompt den erneuten Hinweis des Behördenchefs auf das generelle Alkoholverbot in Betriebsräumen nach sich zog. Oder die Beobachtung, dass Porno-Hefte zwischen den Geschäftsstellen hin- und herwanderten, die aus den Beschlagnahmen ganzer Lastwagen der in Deutschland verbotenen Pornoware an der dänischen Grenze stammten und im Sitten-Dezernat als Beweismittel dienten. Oder schließlich Amt und Wirken eines gewissen Ersten Justizhauptsekretärs *R.*: Für ihn – wichtiger Funktionär in alleinregierender Partei des Stadtstaats und maßgeblicher Gewerkschaft – war dieses Amt eigens geschaffen worden. Er galt als Symptom von Justiz- und Behörden-Kungelei. Ohne sein Plazet werde niemand Senator, Präsident oder Behördenleiter im Justizwesen, so munkelte man. Es dauerte, bis er wirklich stolperte. Dass er von einem Boulevardblatt entdeckt worden war, als er nach einer feucht-fröhlichen Feier zusammen mit dem Oberlandesgerichtspräsidenten an einer Kolumne des Hohen Gerichts stehend pinkelte, genügte nicht; erst weil er einer Mitarbeiterin bei einer Betriebsfeier unter den Rock gegriffen haben soll, musste er die Behörde wechseln.

Dem Ende des Wirkens des *Verfassers* in dieser Behörde ging ein Gespräch mit deren Leiter voraus. Vom Justizbehördenchef war ihm zugesagt worden, alsbald zur Hälfte seines Amtes abgeordnet zu werden als Universitätsdozent. Das aber, so der Leitende Oberstaatsanwalt, sei unvereinbar mit staatsanwaltschaftlicher Organisation. Der Hinweis, dass es auch bei Frauen funktionieren müsse nach der neuen gesetzlichen Teilzeitregelung, entlockte ihm ein Seufzen: *„Schlimm genug, schon das ist eigentlich unzumutbar."*

Doch wie wurde der *Verfasser* Jugendrichter? Das war zu jener Zeit Traumberuf mancher Studienanfänger. *Heinz Rühmann* hatte die Rolle des väterlich-verständnisvollen Richters in Filmen populär gemacht. Für die wenigsten erfüllt sich indes dieser Berufswunsch. Gar mancher gelangt in das Amt sogar gegen seinen Wunsch. Der Jugendrichter – so befiehlt es das Gesetz – soll erzieherisch befähigt und erfahren sein. Nur die Besten, so meinen Experten, seien dem gewachsen. Die Wirklichkeit ist ganz anders.

So erhielt der *Verfasser* ein entsprechendes Angebot gleich nach Abbruch der Tätigkeit bei der Staatsanwaltschaft vom Präsidialrichter des Landgerichts. Der legte ihm die Tätigkeit in der Jugendstrafkammer nahe. Es sei eine Prestigekammer. Führende Gerichtsleute und der Senator seien mal in dieser Kammer tätig gewesen. Bedenken des Assessors, er habe sich noch nie mit Jugendrecht und Kriminologie befasst und weise keine erzieherische Erfahrung auf, wurden zerstreut unter Hinweis auf Examensnoten und Promotion. *„Haben Sie Kinder?"* – *„Nein."* *„Verheiratet?"* – *„Noch nicht."* – *„Macht nichts, das kommt alles noch."* – So wurde der Assessor Richter in einer Jugendstrafkammer.

Gänzlich anders bewertet man dieses Amt andernorts. So berichtete *Friedrich Schaffstein* – damals Nestor der entsprechenden Wissenschaft –, sein promovierter Einser-Assistent habe vom Landgerichtspräsidenten das Angebot erhalten, sich eine vakante Richterstelle auszusuchen. *„Jugendrichter"* war der dezidierte Wunsch. Der Präsident: *„Dazu sind Sie zu schade."*

Selbst hohe Gerichte haben ein gespaltenes Verhältnis zu Erfordernissen dieses Amtes. Mal wurde der unbefriedigende Zustand mangelnder erzieherischer Kompetenz in einer Revision gerügt; das Jugendgericht habe die sozialpädagogische Expertise der Jugendgerichtshilfe ohne eigene bessere Sachkunde ignoriert. Doch das Oberlandesgericht Frankfurt/Main verdrängte die Rüge in der Palmström-Logik, wonach nicht sein kann, was nicht sein darf:

> „Die eigene Sachkunde…ergibt sich gegenüber einem Vertreter der Jugend-
> gerichtshilfe schlechthin daraus, dass es sich um eine Jugendstrafkammer, al-
> so um ein Gericht handelt, das ausschließlich mit Straftaten Jugendlicher be-
> fasst ist und dessen Mitglieder bereits bei der Geschäftsverteilung unter dem
> Gesichtspunkt ausgewählt werden, dass sie für diese Spezialmaterie geeignet
> sind."

Unziemliches und Beleidigendes

Gar schwer tut sich Justitia, wenn sie die Grenze zwischen noch hinnehmbarer Unhöflichkeit und Ironie einerseits, zu ahndender Beleidigung andererseits ziehen soll:

Frau F. stand wegen unbefugten Parkens vor dem Amtsrichter. Sie beschuldigte ihren Mann gefahren zu sein. Das nannte der Richter eine

„dummdreiste Lüge". Frau F. erhob Dienstaufsichtsbeschwerde. Der Landgerichtspräsident verwarf sie: Die *„verbale Schärfe"* sei zulässig gewesen. Weitere Beschwerde der F. beim Oberlandesgerichtspräsidenten. Der gab ihr Recht:

> „Die Äußerung `dummdreiste Lüge´ könne dahin verstanden werden, dass derjenige, dessen Einlassung so gewertet werde, dumm, dreist und ein Lügner sei."

Nun wandte sich der ermahnte Richter an das Dienstgericht des Bundes. Auch dies befand, Frau F. sei durch *„ungehörige Wortwahl"* herabgesetzt worden. Erst in vierter und letzter Instanz siegte der Richter vor dem Bundesgerichtshof. Ob der mit seiner Wertung ins Schwarze getroffen hat? Urteilen Sie selbst:

> „Erlangt der Richter aufgrund von Indizien die subjektive Gewissheit, er sei dummdreist angelogen worden, braucht er sich nicht mit einer Wertung der Einlassung zu begnügen, welche die spezielle Beschaffenheit des dummdreisten Verhaltens übergeht."

Manchmal müssen sich Richter gar mit dem Allerwertesten befassen:

So wurde der in die Sphären des Künstlerischen erhobene *„Amtsarsch"* des Juristen und Satirikers *Klaus Staeck* einem Angeklagten zum Verhängnis. Verärgert über das Verhalten eines Verkehrspolizisten hatte er dem Polizeimeister R. eine Postkarte gewidmet; sie zeigte die Karikatur des Beamten mit feistem Gesäß auf einem viel zu kleinen Bürostuhl und dem Titel *„Konturen eines Amtsarschs"*. Folge: Strafbefehl über DM 450 wegen Beleidigung; R. sei einem Menschen *„in all seiner Unästhetik und Hässlichkeit"* gleichgestellt worden. Einspruch des Angeklagten. Im *„letzten Wort"* erklärte er sich bereit, dem Polizisten einen Kunstkurs in der Volkshochschule zu bezahlen; das Bild sei nämlich Kunst, und er habe nur einen Spaß gemacht. Der Amtsrichter erhöhte ob solcher Uneinsichtigkeit die Geldstrafe.

Auch in diesem Fall ging es um Beleidigung durch einen Polizisten. Der fühlte sich auf außerdienstlicher Fahrt um seine Vorfahrt gebracht und beschimpfte den dreisten Verkehrsteilnehmer als *„Arschloch"* und *„Wichser"*. Ein Richter in Limburg begründete im schriftlichen Urteil die Geldstrafe wegen Beleidigung ungewollt komisch so:

> „Das Gericht ist…der Auffassung, dass gerade die Bezeichnung `Wichser´ – unverblümt auf öffentlicher Straße gegenüber einem 32 Jahre alten Geschlechtsgenossen ausgesprochen – nicht nur ungehörig ist, sondern auch deshalb sozialschädlich, weil der so Titulierte nicht die Gelegenheit erhalten hat, das Gegenteil beweisen zu können. Im Übrigen muss hier auch eingegriffen

werden, weil einer derartigen Verluderung des Sprachgebrauchs immer wieder energisch entgegengetreten werden muss, zumal dann, wenn derartige Entgleisungen aus einem Beamtenmund herausrutschen, zumal hier das Ansehen der deutschen Polizei in Beschädigungsgefahr gerät."

Worte wie *„Bulle"* oder *„Schlumpf"* werden mal als Beleidigung, mal als ehrenhafte Titulierung (*„Bullenorden"*) gewertet. So musste ein 34-Jähriger kräftig zahlen, weil er – von drei Polizisten wegen Landfriedensbruchs und betrunken ins Revier verbracht – diese gefragt hatte: *„Was seid denn Ihr für Schlümpfe?"* Das Landgericht München II erklärte im Urteil, es habe zwar nicht verkannt, *„dass es sich bei den Schlümpfen um liebenswerte und possierliche Geschöpfe"* handele; aber Schlümpfe seien *„als Polizisten ungeeignet";* die Anrede spreche Ordnungshütern berufliche Fähigkeiten ab; dies gelte *„ungeachtet der Tatsache, dass dem Vernehmen nach in Spielzeuggeschäften auch Polizeischlümpfe angeboten werden."*

Leser werden nun davon überzeugt sein, dass es manch Ungereimtes in der Justiz zu beklagen gibt. Immerhin kommt auch *„Gereimtes"* vor. So war das Landgericht Baden-Baden in der Berufung zur Überzeugung gekommen, das Amtsgericht habe zu recht trotz beleidigender Verwendung des berühmten Zitats aus *„Götz von Berlichingen"* Straffreiheit angenommen. Gereimt kamen die Entscheidungsgründe daher:

> „Wenn eine Beleidigung gleich auf der Stelle
> erwidert wird mit des Mundwerks Schnelle,
> dann kann es der Richter den Beiden gewähren,
> kann beide Beleidiger für straffrei erklären.
> So tat's mit Recht das Amtsgericht,
> und so die Strafkammer auch spricht:
> Das Wort des Götz von Berlichingen
> ist keines von den feinen Dingen,
> wenn man dies wechselseitig sagt,
> am besten niemand sich beklagt!
> Wer stets vom Recht das Rechte dächte,
> und sich nicht rächte,
> dächte rechte.
> Die Kostenlast dabei ergibt sich:
> StPO-vierdreiundsiebzig."

Revision und Dienstaufsichtsbeschwerde rügten, die Entscheidung sei eines Gerichtes unwürdig; das Gesetz verlange Prosa. Doch das Oberlandesgericht befand, es gereiche dem Gericht zur Ehre, sich zur Poesie bekannt zu haben, denn:

> „…es ist keinem Gesetz verleimt,
> dass immer ein Urteil sei gereimt."

Ungebühr vor Gericht

1968 begann die Richterzeit des *Verfassers.* Manche *„Achtundsechziger"* machten es Strafrichtern schwer. Die Kommunarden *Langhans* und *Teufel* verfassten sogar ein Rezeptbuch über die Kunst Richter zu provozieren. Recht ungleich waren Justitias Reaktionen. Viele Richter erkannten, dass es wirksamer sei, Provozierenden die Schau zu stehlen. Ein Amtsrichter bat den Wachtmeister, die Fenster zu öffnen, weil es der Angeklagten und ihren Fans – allesamt überraschend als Oben-Ohne-Damen auftretend – offenkundig zu heiß sei. Ein anderer ließ solches Striptease-Ensemble kurzerhand polizeilich entfernen; er verwehrte ihnen, was sie erwarteten: Ordnungshaft wegen Ungebühr vor Gericht. Verblüfft ließ sich der Verteidiger zur törichten Anzeige gegen jenen Amtsgerichtsdirektor wegen *„Nötigung zur Unzucht in mittelbarer Täterschaft"* hinreißen.

Weitere Provokation war es sitzen zu bleiben, wenn Richter eintraten, Zeugen vereidigt, Urteile verkündet wurden. *Fritz Teufel* stand in Berlin schließlich doch auf: *„Wenn's denn der Wahrheitsfindung dient."* In Nürnberg war ein Kabarettist in seiner Sesshaftigkeit so standhaft, dass er sich während eines Bagatellverfahrens gleich zweimal zusätzliche Haftstrafen einhandelte. Erst am dritten Verhandlungstag gab der Amtsrichter nach.

Wer rügt oder straft aber den Richter, der selbst Anstandsregeln verletzt? Den, der Zeugen und Angeklagte herabsetzend ohne die Bezeichnung *„Herr"*, *„Frau"* anredet, während der Plädoyers Häftlingsbriefe kontrolliert oder schon die Urteilsformel notiert? Dazu der bekannte ehemalige Senatspräsident *Sarstedt:*

> „Die Würde des Gerichts kann nur durch die Richter verletzt werden. Sie liegt nicht in der Hand jedes beliebigen Flegels, der sich vor Gericht unpassend aufführt; und der Richter sollte sich hüten, sie in dessen Hand zu legen."

So mag man es jenem Mannheimer Richter als Scherz, Satire, Ironie nachsehen, wenn man nicht Verletzung der Gerichtswürde rügen will; der Rechtshüter hatte im Urteil sein Vorurteil über einen des Betrugs Bezichtigten zum Besten gegeben:

> „Es handelt sich hier um eine Erscheinung, die speziell für den vorderpfälzischen Raum typisch und häufig ist, allerdings bedarf es spezieller landes- und volkskundlicher Erfahrung, um das zu erkennen. Stammesfremde vermögen das zumeist nur, wenn sie seit Längerem in unserer Region heimisch sind. Es sind Menschen von, wie man meinen möchte, heiterer Gemütsart und jovialen Umgangsformen, dabei jedoch mit einer geradezu extremen Antriebsarmut,

deren chronischer Unfleiß sich naturgemäß erschwerend auf ihr berufliches Fortkommen auswirkt…Da sie jedoch auf ein gewisses träges Wohlleben nicht verzichten können – sie müssten ja dann hart arbeiten – versuchen sie sich durchzuwursteln und bei jeder Gelegenheit durch irgendwelche Tricks Pekuniäres für sich herauszuschlagen…"

Pilzköpfe vor dem Kadi und sonstige Haarspaltereien

Ungebührliches wähnte Justitia in jener aufmüpfigen Zeit bisweilen auch in den Frisuren langhaariger Gerichtskunden. Untere Instanzen belegten manche den *„Beatles"* ähnelnde Zuhörer, Zeugen und Angeklagte mit Ordnungsstrafen. Sie werteten deren Haartracht als Verletzung der Würde des Gerichts. Obergerichte waren zumeist vorsichtiger. Resignierend konstatierten sie, Justiz könne jener Mode nicht mit Zwangsmaßnahmen entgegentreten. Gleichwohl sei das haarige Phänomen eine Modetorheit, die von der Bevölkerung abgelehnt und als lächerlich empfunden werde, ja nach allgemeiner Auffassung gegen den guten Geschmack verstoße.

Ob wohl diese hohen Richter schamvoll gesenkten Hauptes an den Bildern großer richterlicher Vorfahren in Fluren und Sälen vorübergingen? Sie hätten doch sonst deren wallender Haare und Bärte, ja lockigen Perücken gewahr werden müssen.

Weniger glimpflich als Pilzköpfen im Gerichtssaal erging es ihren Artgenossen in Kasernen, Haftanstalten und Feuerwehr. So verurteilte das Amtsgericht Freising einen Rekruten zu zwei Wochen Strafarrest wegen Befehlsverweigerung:

„Der Batteriefeldwebel hatte von dem Angeklagten keinen besonders kurzen militärischen Haarschnitt verlangt, sondern einen modernen, der so sein müsse, dass die Haare nicht unter der Dienstmütze oder dem Helm hervorquellen." Der Befehl sei „zu dienstlichen Zwecken erteilt worden"; er habe nämlich bezweckt, „dass sich der Angeklagte in seinem äußeren Ansehen und seiner Haartracht dem äußeren Erscheinungsbild eines Soldaten anpasse".

Ein pilzköpfiger Jugendstrafgefangener erhielt drei Tage strengen Arrests. Anstaltsleiter, Generalstaatsanwalt und Oberlandesgericht Celle waren sich darin einig, dass die Freiheit, Haare und Bart nach Belieben zu tragen, ihre Grenze habe in Geboten der Reinlichkeit und Schicklichkeit. Überlanges Haar gefährde die Anstaltshygiene. Es errege überdies öffentliches Aufsehen und störe jedenfalls dann die Anstaltsdisziplin, wenn das Verhalten Nachahmer finde:

„Solche Störungen können nicht hingenommen werden, weil sie den Zweck des Strafvollzugs, zumal in einer Jugendstrafanstalt, gefährden… Die hiernach für die Haartracht zu ziehenden Grenzen hat der Antragsteller überschritten."

Waren es in den end-sechziger Jahren lange Haare, so schienen seit den end-achtziger Jahren Ohrstecker, *„Piercing"* und ähnliche Accessoires jüngerer Leute Autorität zu gefährden. Daher wurde dem Oberwerkmeister einer rheinischen Haftanstalt Ohrschmuck untersagt. Ansehen des Justizvollzuges und Durchsetzungsfähigkeit gegenüber Gefangenen würden gefährdet. Männlicher Ohrschmuck gelte als bekenntnishaft vorgetragener Ausdruck nonkonformistischer, individualistischer Geisteshaltung. Das zeige sich schon in der großen Zahl von Gefangenen mit Ohrschmuck. Sie könnten es als Identifikation mit ihrem nicht gesetzestreuen Verhalten verstehen, wenn Uniformierte mit gleichem Schmuck aufträten. Bestätigt wurde die Anstaltsleitung vom Präsidenten des Justizvollzugsamts. In preußischer Beamtenstrenge entschied er, Bedienstete müssten gegenüber Gefangenen den Eindruck von Autorität, Sicherheit und Durchsetzungsvermögen vermitteln.

Ähnlich hatte das Oberverwaltungsgericht Rheinland-Pfalz für Polizeibeamte entschieden: Der Ohrstecker sei für Polizisten ein ungewöhnlicher Schmuck. Er beeinträchtige im Dienst das Ansehen der Polizei. Ohrschmuck sei nach in Deutschland vorherrschender Anschauung Frauen vorbehalten. Das einheitliche äußere Erscheinungsbild des Polizeivollzugsbeamten dürfe nicht durch ausgefallene Accessoires relativiert werden; zudem sähen Teile der Bevölkerung in ihnen einen Hinweis auf Charakter und individuelle Einstellung des Trägers.

Prügel und Pranger

Der Phantasie Justitias, alte, neue und ungewöhnliche Strafen zu (er)finden, scheinen kaum Grenzen gezogen:

Theodor Storm, friesischer Dichter des *„Schimmelreiters"* und Richter in Husum, wurde in einer Gesellschaft von seiner Tischdame auf einen örtlichen Bigamiefall angesprochen: *„Sagen Sie, Herr Storm, was ist eigentlich die schärfste Strafe für Bigamie?"* – Storm: „Zwei Schwiegermütter!"

Nun aber wird es ernst: 1960 wurden Mutter und Stiefvater der verlobten, schwangeren Tochter Rosemarie wegen schwerer Kuppelei zu Gefängnisstrafe verurteilt. Tochter und 19-jähriger Freund und künftiger Kindesvater wollten baldest möglich heiraten. Das Vormundschaftsgericht meinte, noch mehr Zeit zu benötigen, um über die Ehemündigkeit des Verlobten zu entscheiden. Damals wollte die Mutter des Bräutigams verreisen und bat dessen künftige Schwiegereltern, für den Sohn während ihrer Abwesenheit zu sorgen. Die nahmen ihn bei sich im Zimmer der Tochter auf. Das war nach Meinung des Bundesgerichtshofs Förderung von Unzucht durch Sorgerechtsträger und damit schwere Kuppelei. Die sittliche Ordnung fordere, dass sich geschlechtlicher Verkehr grundsätzlich in der Einehe vollziehe, weil der Sinn und die Folge des Verkehrs das Kind sei, das nur in der Familiengemeinschaft gedeihen könne. Ernstlicher Heiratswille Verlobter beseitige nicht die Unzüchtigkeit des Verkehrs. Diese Wertung sei auf das Sittengesetz gestützt. Daher bleibe es belanglos, dass sie von großen Teilen der Bevölkerung nicht geteilt würde.

Manchmal nehmen Staatsanwälte oder gar Polizisten die Strafe vorweg; sie machen kurzen Prozess; die Strafe soll der Tat auf dem Fuße folgen:

– Ein Frankfurter Jugendstaatsanwalt suchte die Delinquenten zuhause auf; er stellte die Eltern vor die Wahl: entweder sogleich eine Tracht Prügel, dann Verfahrenseinstellung, weil eine erzieherische Maßnahme schon getroffen sei – oder Anklage und Verurteilung. Die Züchtigung nahm er selbst vor, vermerkte sie jedoch nicht in der Akte. Deswegen wurde er wegen Rechtsbeugung verurteilt.

– In einem mittelhessischen Polizeikommissariat gab man Jugendlichen bei erstmaliger Auffälligkeit wegen Einbruchsdiebstahls *„zum Einstand"* eine kräftige Abreibung. Vor Gericht wurden entsprechende Angaben Beschuldigter dann als Schutzbehauptung abgetan.

– Im Forschungsinterview berichtete uns ein Drogenfahnder:

> „Bei einem Joint oder einer (Haschisch-) Pfeife kann ich nicht sagen, ja Tschüs, sondern muss durchgreifen; den nehm' ich fest und den sperr' ich ein." Er nennt es „das kleine Strafverfahren". Andere lassen den noch nicht vollauf geständigen Drogensünder eine Nacht in der Polizeizelle „schmoren", „absitzen", „weichkochen".

Noch drastischere Vorgehensweisen sind aus anderen Ländern bekannt, namentlich aus den USA:

– 8- bis 12-jährige Mädchen wurden in Haft oder Hausarrest genommen wegen Missachtung des Gerichts; sie lehnten es nämlich ab, ihren Vater zu besuchen, obwohl sie im Scheidungsstreit gerichtlich dazu verpflichtet waren.

- In Kalifornien verurteilten Richter jüngere Alkohol-Verkehrssünder, im örtlichen Leichenhaus dem Leichenbeschauer zuzusehen. Andere mussten an ihrem Auto ein Schild anbringen, das von ihrer Verurteilung kündete. Wieder andere wurden verurteilt, im Hausarrest Tonbänder mit Aufnahmen von Autounfällen anzuhören, bei denen man Schreie von Kindern erlebte.
- Prügel und Pranger feiern vor allem bei Sittlichkeitsdelikten fröhliche Urständ: Ein Mann, der seine Ex-Frau misshandelt hatte, musste sich von dieser in der Öffentlichkeit bespucken lassen. – Vor dem Haus eines Kindesmisshandlers waren vom Verurteilten Schilder aufzustellen mit detaillierten Tatbeschreibungen. – In Boston lautete das Urteil gegen einen *„Freier"* der unter Strafe stehenden Prostitution, die Gehwege eines Prostituiertenviertels zu kehren und Kondome aufzusammeln. – In Texas bestrafte der Richter *Ted Poe* – bekannt wegen einfallsreicher *„shame"*- Strafen – einen 66-jährigen Musiklehrer wegen dessen sexueller Belästigungen von Schülerinnen dazu, während einer 20-jährigen Bewährungszeit nie mehr Klavier zu spielen, sein Piano zu verkaufen und auf einem Schild an der Haustür Minderjährige vor sich zu warnen. – In Miami wurden die Namen von Prostitutionskunden auf Anzeigetafeln an Highways veröffentlicht, in Canton/Ohio während der TV-Nachrichten eingeblendet.

Sogar Diebstahl kann Prügel, Pranger und maßlose Strafen nach sich ziehen:

- In Texas wurde ein Dieb im zweiten Rückfall-Urteil lebenslänglich bestraft nach neuem Gesetz. Das übernimmt die Baseball-Regel *„Three strikes and You're out."* Im ersten Urteil war es Betrug mit 80 $ Schaden, im zweiten ein solcher mit 28 $ Schaden, im dritten Diebstahl mit einer Beute von 103 $.
- Wegen Betriebsdiebstahls erhielt ein 19-Jähriger einen Monat Gefängnis und einen Tag Pranger; er wurde mit dem Schild um den Hals *„Ich bin ein Dieb"* auf dem Parkplatz des Betriebes ausgestellt. Alle regionalen Zeitungen zeigten das Bild.
- In South Carolina wurde die 15-jährige Ausreißerin *Tonya Kline* wegen Ladendiebstahls verurteilt, sich für 30 Tage an ihre Mutter ketten zu lassen.

Traditionelle Staaten mit Prügel, Pranger und Strafen nach dem Aug-um-Aug-Prinzip sind islamische mit der Scharia als Grundlage. So ist Geschlechtsverkehr eines Nichtmuslimen mit einer Muslima todeswürdig. Abhacken der rechten Hand droht dem Dieb. Ehebrecherinnen werden gesteinigt. Gelegentlich können Todes- oder Amputations-Strafen durch ein Blutgeld an Opfer-Angehörige abgelöst werden. Es belief sich zeitweilig in Saudi-Arabien auf den Gegenwert von 100 Kamelen, zu zahlen an den Bluträcher. In diesem Wahabiten-Staat wurde Anfang 2015 *Raif Badawi* zu 1000 Stockhieben – in Raten zu je 50 Schlägen öffentlich an dem an Händen und Füßen Gefesselten zu vollstrecken – und zusätzlich zu 10 Jahren Haft und Geldstrafe verurteilt; er hatte in einem Blog im Internet die Trennung von Staat und Religion gefordert, dadurch angeblich den Islam beleidigt.

In manchen Staaten ist die Straflänge der *„nach oben offenen Richterskala"* zu entnehmen. Ein thailändisches Berufungsgericht hatte die Haftstrafe wegen Veruntreuung gegen einen 58-jährigen Beamten von 4220 Jahren halbiert auf 2110 Jahre wegen seines zwischenzeitlichen Geständnisses. Für jedes der 844 Delikte hatte er 5 Jahre erhalten; ohne Geständnis wird die Strafe verdoppelt. Nota bene: In jenem Land der Sonnenurlauber sollte man vorsichtig mit Münzen umgehen; sie abfällig wegzuwerfen, könnte als Beleidigung des auf ihnen portraitierten Königs schwer geahndet werden, wie ein deutscher Fluggast eines Thai-Fliegers bitter erfahren musste.

Wenn es bei Justitia menschelt

Menschlich-Allzumenschliches bricht sich auch in der Strafjustiz Bahn – *praeter vel contra legem.*

Beispielsweise befand ein Bundesgericht, sogar schläfrige Richter könnten noch Recht finden:

> „Jedoch sind selbst Zeichen einer großen Ermüdung, Neigung zum Schlaf und das Kämpfen mit dem Schlaf noch kein hinreichendes Anzeichen dafür, dass der betr. Richter die Vorgänge in der mündlichen Verhandlung nicht mehr wahrnehmen kann. Auch das Schließen der Augen allein, selbst wenn es sich nur auf wenige Minuten beschränkt, beweist noch nicht, dass der Richter schläft; diese Haltung kann vielmehr auch zur geistigen Entspannung oder zwecks besonderer Konzentration eingenommen werden. Unter diesen Umständen kann erst dann davon ausgegangen werden, dass ein Richter schläft oder in anderer Weise `abwesend´ ist, wenn andere, sichere Anzeichen hinzukommen, wie etwa tiefes, hörbares Schnarchen, ruckartiges Aufrichten mit Anzeichen von fehlender Orientierung u.a."

Ein Anwalt hatte dem Dienstvorgesetzten eines Amtsrichters Traubenzucker geschickt zur *„physischen Stärkung" „für einen offenbar vollkommen überlasteten Untergebenen"*. Der Richter hatte nämlich den Hauptverhandlungstermin immer wieder verschoben wegen Überlastung und Urlaubs. Mehrere Instanzen des Ehrengerichts hatten daraufhin den Anwalt wegen unziemlicher Justizschelte mit Geldbuße belegt. Erst das Bundesverfassungsgericht nahm ihn in Schutz; er habe die berechtigte Kritik lediglich in satirische Form gekleidet und nicht den Richter persönlich herabsetzen wollen.

Neben Schlaf- kann Liebesdrang in der Justiz zu Komplikationen führen, wie ein Gerichtsreporter schilderte:

> „Es ist der Stoff, wie ihn kein Romanautor hätte erfinden können...In einem Mordprozess gegen sechs Männer in Vancouver verliebte sich die Geschworene *Gillian Guerss* in einen der Angeklagten und unterhielt zu ihm intime Beziehungen. Die sechs wurden freigesprochen. Dann folgten Ermittlungen gegen die Juroren und mündeten in einen aufsehenerregenden Strafprozess und Schuldspruch wegen Justizbehinderung. Eine Wiederaufnahme des Mordprozesses wurde angestrebt. Zugleich bemühte sich Hollywood um die Verfilmung der Story."

Bequemlichkeit der einen, Neugier und vorauseilender Gehorsam der anderen äußern sich in manchen Gerichtspraktiken am Rande der Legalität, wie dem *Verfasser* aufgefallen ist: So obliegt die Briefkontrolle bei Untersuchungsgefangenen allein dem Vorsitzenden der zuständigen Strafkammer wegen des hohen Rangs des Grundrechtschutzes für das Briefgeheimnis. Doch öffneten stets Geschäftsstellenmitarbeiter die Post und mahnten gelegentlich sogar den Vorsitzenden vor *„schmuddeligem"* Inhalt. Über solche *„Briefgeheimnisse"* wurde dann getuschelt.

Verkündete, geschriebene und wahre Urteilsgründe

Theo Rasehorn – ehemals kritischer Oberrichter und passionierter *„Nestbeschmutzer"* – kommentierte einmal die Äußerung eines Kollegen:

> „`Es gibt vielerlei Entscheidungsgründe: die beratenen, die verkündeten, die geschriebenen und die wahren Gründe.`... Für die Begründung gilt also nicht die Intention, die Entscheidungserwägungen des Richters einsichtig zu machen, sie zu enthüllen, sondern sie zu verhüllen, dass kein Fehler sichtbar wird, um also, wie die Praktiker sagen, das Urteil `revisionssicher` zu machen."

Mancherlei Beispiele aus dem Berufsleben des *Verfassers* zeugen von solcher Diskrepanz zwischen offiziell benannten und tatsächlichen Entscheidungskriterien:

– So erfuhr er in seiner Richterzeit von vielem, was *„im Hinterkopf eines Richters mitmarschiere"*, wenn der jemand verurteilt. Mal waren es längst verjährte Vorstrafen, mal die eingestellten, also ebensowenig verwertbaren Verfahren, mal unerlaubt erlangte, nicht in die Verhandlung eingeführte Beweismittel, oftmals Erkenntnisse aus der haftrichterlichen Briefkontrolle, auch mal das bloße *„Wissen"*, es handele sich um einen *„Schweinehund"*.

– Er stieß in der Praxis und späteren Justizforschung auf das Phänomen der *„apokryphen Haftgründe"*. Das sind tatsächliche Gründe, die aber durch gesetzliche Gründe wie Flucht- oder Verdunkelungsgefahr kaschiert werden. Da wird etwa ein Jugendlicher in Untersuchungshaft genommen, um schnelles, für die anderen abschreckendes, drastisches Durchgreifen zu demonstrieren oder eine Leitfigur aus der Bezugsgruppe zu entfernen. Da soll ein Drogenabhängiger in der Haft zwangsentgiftet werden, weil man externer Therapie nichts zutraut; bei der Verurteilung wird die *„Haft-Entziehungskur"* großzügig als Chance einer Strafaussetzung zur Bewährung mit Therapieauflagen genutzt.

– Ein forscher Pfälzer Richter wollte einer Drogenberaterin Angaben über ihr Klientengespräch trotz Schweigepflicht entlocken unter Androhung von Beugehaft für Zeugnisverweigerung. Der anwaltliche Blick des *Verfassers* in die Akte ließ wahre Gründe erahnen: Rot unterstrichen, mit Ausrufungszeichen versehen war die Erklärung der Sozialarbeiterin, sie sei am Erscheinen im Gericht verhindert gewesen wegen eines Urlaubs auf Kuba (*„Ach so, dachte ich es mir doch, eine Linke, wahrscheinlich Kommunistin!"* – so mag der wahre Grund gelautet haben).

– In der Trierer Richterakademie hatte der *Verfasser* in einer anonymen Befragung u.a. die Frage eingebracht, ob die Richter schriftliche Urteilsgründe so abfassten, dass sie *„revisionsdicht"* seien. Man konnte sich auf einer Skala zwischen den Polen *„kommt oft vor"* bis *„kommt nie vor"* einordnen. Fast alle orteten sich bei *„nie"* nach der Palmström-Logik. Nur einer dürfte die Realität getroffen haben: Er zeichnete einen Pfeil Richtung Verneinung mit Zusatz *„so das Recht"*, einen anderen Richtung *„oft"*: *„so die Wirklichkeit"*.

– Hohe Gerichte und das Bundesverfassungsgericht verschanzen sich mitunter – wie der *Verfasser* in mancher Streitigkeit erfahren musste – hinter der gesetzlichen Möglichkeit, die Revision oder Verfassungsbeschwerde als *„offensichtlich unbegründet"* zu verwerfen, um nicht auf heikle Rechtsfragen oder gar offensichtliche Fehler zeitraubend eingehen zu müssen.

Des Strafrichters Talarwanzen

„Talarwanzen" nannte ein Pfarrer mokant jene Dauerkirchbesucher, die regelmäßig da sind und schon lange vor dem Introitus unter der Kanzel sitzen. Auch Strafgerichte haben ihre Abonnements-Kunden, wie eine Prozessreporterin beobachtete:

„Montagmorgen, 9.10 Uhr: Nach einem raschen Gang durch das Landgericht weiß der kleine Mann im gestreiften Polohemd, dass er heute einen anstrengenden Tag vor sich hat. 8 Verhandlungen sind auf seinem Notizblock notiert. Da ist heute höchstens eine Viertelstunde Mittagspause drin. – Der kleine Mann ist weder Gerichtsdiener noch Staatsanwalt, er gehört zu der Gruppe der Münchener Hobby-Gerichtsbesucher, die täglich ins Justizgebäude an der Nymphenburger Straße gehen. Seit seiner Pensionierung…ist er dabei. Um jeden Tag zuhause zu sitzen, fühlte er sich `einfach noch zu aktiv´, und durch die täglichen Gerichtsgänge hat er wieder einen geregelten Tagesablauf, `wie in der Arbeit´…Fachmännisch kommentieren er und seine Kollegen jeden Fall in den Pausen…Die Richter sind für die Besucher eine Art höheres Wesen, Halbgötter in Schwarz. Jeder hat so seinen Lieblingsrichter…Nicht jeder der Gerichtsfans kommt jeden Tag, einer nimmt sich `schon mal frei, wenn das Wetter gut ist´. Eine ältere Dame dagegen kommt täglich extra…angereist. Zwar nickt sie während der Verhandlung schon mal ein, aber sie kriegt trotzdem alles mit und heißt bei den anderen `die Expertin´. Keiner würde es zugeben, aber der tägliche Kick ist die Sensationslust. Das genießerische Entsetzen darüber, wie tief der Mensch sinken kann…Vor allem die kleinen, unauffälligen Fälle können unterhaltend sein, `wie z.B. der Fall mit dem Zechpreller, der nach der Verlobungsfeier nicht nur die Rechnung, sondern auch die Verlobte vergessen hatte´."

6. Von des Teufels Advokaten, Rechtsverdrehern und Gebührenschneidern

Von alters her müssen sie sich schmähen lassen, obwohl es doch ihr Beruf ist, für das Recht anderer zu kämpfen: die Rechtsanwälte.

Die Geschicht' von der Moral – Anwaltsmoral

Sind sie wirklich samt und sonders skrupellose Wortverdreher, Winkeladvokaten, Streithammel, Paragraphenreiter, geldgeile Honorarjäger?

Jonathan Swift, jener irische Satiriker, rückte Anwaltsmoral in die Nähe des Diabolischen. Von einem Advokaten befragt, wer in einem Prozess zwischen Geistlichem und Teufel gewinnen würde, soll er geantwortet haben: *„Der Teufel, denn er hat alle Advokaten auf seiner Seite!"*

Martin Luther, – ehemals Erfurter Jurastudent – zieh gar den Juristenstand insgesamt der Unmoral, meinte dabei aber vornehmlich Advokaten, wenn er in seinen sarkastisch-drastischen Tischreden äußerte:

> „Ein guter Jurist, ein böser Christ. Das ist wahr." – „Ein jeglicher Jurist ist entweder ein Schalk, oder ein Esel, der nichts kann in göttlichen Sachen." – „Ein Jurist ist nur ein armselig Ding." – Und zu einem Student der Rechte gewandt: „Die endliche Ursach, darum ihr zu Juristen werdet und Jura studieret, ist das Geld, dass ihr reich werdet."

Matthias Claudius, Hamburger Theologe, Jurist und gemütstiefer Dichter des Liedes *„Der Mond ist aufgegangen"* widmete ein anderes, nun aber boshaftes Lied den Advokaten:

> „Gottlob, dass ich ein Bauer bin,
> Und nicht ein Advokat,
> Der alle Tage seinen Sinn
> Auf Zank und Streiten hat…"

Aus eigener Erfahrung weiß der *Verfasser,* dass es so eine Sache ist mit der Anwaltsmoral. Im fortgeschrittenen Referendariat ward ihm die Ehre zuteil, den Chef einer Hanseatischen Anwaltskanzlei einige Wochen zu vertreten. Da gab es moralisch recht zweifelhafte Sachen: Es galt etwa, für einen Multimillionär den kleinkarierten Rechtsstreit um ein angeblich schlecht gereinigtes Hemd vor Gericht mit eingehender Beweisaufnahme zu vertreten, um bedingungslos am Ende zu obsiegen. – Für eine anrüchige Teilzahlungsbank, die jene Kanzlei in ihren Räumen beherbergte, mussten serienweise waghalsige Forderungen gegen vom Schicksal geschlagene Kunden trickreich mit Versäumnisurteilen durchgesetzt werden. – Die Scheidungsklage für eine finanziell potente Mandantin war zu betreiben, um erst später zu erfahren, dass der vorgebrachte Scheidungsgrund ihrem schizophrenen Verfolgungswahn entsprungen war. – Gerichte waren in schier end- und aussichtslosen Verfahren durch immer neues Sach- und Rechtsvorbringen zu verwirren, zur Verzweiflung zu bringen, um sie schließlich für eine Vergleichslösung mürbe zu machen. – Dem Verkehrs-Staatsanwalt wurde die Zustimmung zur Verfahrenseinstellung abgerungen unter Hinweis, dass er doch ebenso gut wie der Verteidiger die täglichen Engpässe in der „Rush Hour" im Stadtzentrum und die Notwendigkeit kenne, Verkehrsregeln dann situationsgerecht auszulegen, dabei wohlweislich verschweigend, dass der Verteidiger – *Verfasser* – selbst über keinerlei Fahrpraxis, nicht einmal über einen Führerschein verfügte. Kurzum: Der Jung-Anwalt hatte Feuer gefangen. Bei dem Abschied machte ihn der clevere Bürovorsteher ein (für die Moral zweifelhaftes) Kompliment: Anfangs habe er gedacht, der Referendar sei viel zu redlich und intellektuell, um dem Ganzen standzuhalten; zunehmend habe er aber gestaunt ob dessen Schlitzohrigkeit und entsprechender Erfolge. War im Eifer des Gefechts und angesichts solcher „Erfolge" die Moral auf der Strecke geblieben?

Der Kampf um's Honorar

Eine „Ärzteschwemme" führt bekanntlich zu mehr Krankheiten, Behandlungen und Verschreibungen. Die schon länger beklagte „Anwaltsschwemme" verursacht mehr Streit statt Schlichtung. Schier um alles und jedes wird prozessiert. Rechtsschutzversicherungen ermuntern zu unsinnigen Verfahren und Rechtsmitteln. DER SPIEGEL monierte spöttelnd:

> „Querulatorische Rechthaber, die sich durch keine Niederlage von ihrem Amoklauf durch die Instanzen abbringen lassen, finden unter den vielen unterbeschäftigten Anwälten immer noch einen, der für sie auch auf aussichtslosem Posten und um Nichtigkeiten kämpft: um ruhestörendes Kuhglockengeläut, krähende Hähne und Froschquaken, um Komposthaufen an der Grundstücksgrenze und Gartenzwerge im Vorgarten, um Liebeslohn in der hellhörigen Mietwohnung und um Kranzgeld für ein gebrochenes Verlöbnis."

Damit einer gehen nicht nur Überlastungen der Justiz, sondern auch kuriose bis kriminelle Machenschaften. So schildert ein Richter den häufigen Verlauf von Bußgeldverfahren, wenn ein Fahrer geblitzt worden ist, nachdem er bei Rot die Kreuzung passiert hat:

> „Vor dem Amtsgericht spielt er auf Kosten der Rechtsschutzversicherung mit seinem Verteidiger die ganze Palette möglichen Verteidigerverhaltens durch. Also Ablehnung des Richters wegen Befangenheit – behauptete Asynchronität der einzelnen Phasen der Lichtzeichenanlage – Glatteis auf der Fahrbahn und nötigendes Drängeln des Nachfolgers.“

Auch hierin sind uns die USA um einiges voraus. So verunsichern anwaltlich betriebene Patientenschutzvereine ärztliches Handeln und treiben Schmerzensgeldbeträge in schwindelerregende Höhen, zumal Laienrichter der Jury in Zivil- und Strafsachen leichter beeindruckbar sind. Gar zu weit trieb es allerdings der Gangsteranwalt *Joe Devlin,* wie der Kriminologe *Friedrich Geerds* berichtet hat:

> „Zu ihm kam eines Tages der Kassierer einer Bank und sagte ihm, dass er 20.000 Dollar unterschlagen habe. Am folgenden Tag drohe eine Kassenrevision, und er bitte um Rat. *Devlin* dachte einen Augenblick nach und fragte an, ob der Kassierer ihm bis zum Abend weitere 180.000 Dollar bringen könne. Erstaunt fragte dieser, was das solle und *Devlin* antwortete: `Alle Geldbeträge sind, wie alles andere im Leben auch, relativ. 20.000 Dollar sind viel Geld, wenn man sie allein für sich betrachtet, aber im Vergleich zu 200.000 Dollar ist es nicht soviel…Wenn Sie mit weiteren 180.000 Dollar zu mir kommen, werden sie insgesamt 200.000 Dollar unterschlagen haben. Morgen werde ich dann den Präsidenten Ihrer Bank anrufen, sagen, dass ich Sie vertrete, dass Sie schuldig sind, 200.000 Dollar unterschlagen zu haben und dass ich von diesem Betrag 160.000 Dollar zurückerstatten kann, wenn die Bank von einer Anzeige absieht.' `160.000?' fragte der Kassierer. *Devlin* nickte: `Ich habe auch ein Honorar zu bekommen. Ich bin ein Anwalt und kein Menschenfreund.' Es spielte sich alles so ab wie geplant, und *Devlin* gab von den ihm zugefallenen 20.000 Dollar noch 2.000 an den Kassierer ab, damit dieser mit seiner Familie an einem anderen Ort ein neues Leben anfangen könnte.“

An der Robe sollt ihr sie erkennen

Die Anwaltsrobe zu tragen, muss nicht immer zur Ehre gereichen. Voll Spott vielmehr erließ *Friedrich Wilhelm I.* – der Preußische Soldatenkönig – 1726 solcherlei Kabinettsorder:

> „Wir ordnen und befehlen hiermit allen Ernstes, dass die Advokaten wollene schwarze Mäntel, welche bis unter das Knie gehen, unserer Verordnung gemäß zu tragen haben, damit man die Spitzbuben schon von weitem erkennt."

Fürderhin wurden teutonisch-bürokratisch-gründlich allenthalben Verordnungen zur Amtstracht von Richtern und Anwälten erlassen. In der österreichischen von 1962 hieß es in § 1:

> „(1)...Der Talar aus leichtem Wollstoff ist ein faltenreiches, vorne schließbares Gewand mit offenen, ca. 50 cm weiten Ärmeln und einem ca. 22 cm breiten runden vorne in einem spitzen Halsausschnitt auslaufenden kragenartigen Besatz... (4) Der Talar umhüllt faltenreich den Körper und reicht fast bis zum Knöchel..."

Nun wird sich nicht jeder Anwalt die standesgemäße Kleidung leisten können. Ob es dann schon mal Acryl statt Wolle sein darf, erworben im Second-Hand-Shop? So wurde der *Verfasser* seinerzeit von seinem Kammervorsitzenden auf einen Studienfreund und Anwalt hingewiesen, dem man mal wieder eine Pflichtverteidigung zukommen lassen sollte, um die er gebettelt habe. Dessen zerschlissene Robe zeuge bereits von seiner Existenzkrise. Betraut mit dieser Strafverteidigung offenbarte der in seinem Plädoyer, dass er wohl nicht nur pekuniär minderbemittelt war; mit Rücksicht auf die Jugend des Angeklagten bat er, Milde walten zu lassen; Botmäßigkeit gegenüber dem Gericht ließ ihn verkennen, dass nur Freispruch infrage kam.

Von Schwierigkeiten mancher Anwälte, sich standesgemäß zu kleiden, zeugt auch ein Vorfall, den eine Gefangenenzeitung süffisant festhielt:

> „Ein gebrochenes Verhältnis zu Recht und Gesetz hat die Berliner Anwaltskammer einigen ihrer Mitglieder vorgeworfen. Berliner Anwälte `klauen wie die Raben´, klagte die Geschäftsführerin...in einer Pressemitteilung. Immer öfter verschwänden an den Berliner Gerichten Leihroben, die von der Kammer für Anwälte ohne eigene Berufskleidung angeschafft worden seien. Allein 1995 sei auf diese Weise ein Schaden von rund 10.000 DM entstanden."

Die Kunst zu plädieren

Erfolgreich zu plädieren nötigt Anwälten neben rein fachlichen Qualitäten mehrerlei Künste ab: Schauspielerei, Einfühlsamkeit, strategisches Denken, taktisches Geschick. Es muss ja nicht immer so weit gehen, Anklagevertreter zur Weißglut oder Schöffen zum Weinen zu bringen. Zu weit mag es da der junge Advokat *von Goethe* getrieben haben, dem nachgesagt wird, seine Schriftsätze hätten solches Temperament verraten,

„dass der hohe Gerichthof in Wetzlar missbilligend bemerkte, dass ihm `die gebrauchte unanständige, nur zur Verbitterung der ohnehin aufgebrachten Gemüter ausschlagende Schreibart ernstlich verwiesen werde´."

Über die anwaltliche Fähigkeit des Rechtsprofessors *Otto Mayer* wird berichtet, er habe es meisterhaft verstanden,

„einen Fall gleichsam nachzuleben und dann mit plastischer Deutlichkeit darzustellen. Als er einmal einen Klienten in Mühlhausen verteidigte, ging dieser nach der Verhandlung…auf ihn zu und sagte: `Herr Doktor, so war´s, ganz genauso ist´s gewese. Aber das hab´ ich Ihnen ja gar nit alles so verzählt. Woher wisse Sie´s? Ich hab g´meint, wie Sie so verzähle, es traamt Ihne.´"

Erneut können insoweit die USA als vorbildlich bezeichnet werden. Weltweit hat das jeder am Bildschirm während des *O. J. Simpson*-Prozesses erleben dürfen: Beide juristischen Kontrahenten waren in simulierten Verfahren zuvor taktisch und schauspielerisch trainiert worden; und die Staatsanwältin *Marsha Clark* genierte sich nicht, die ganze Story für 4 Millionen Dollar zu vermarkten.

Über einen der berühmtesten US-Strafverteidiger, *Clarence Darrow*, hielt wiederum der Kriminologe *Middendorff* fest, der habe 102 Angeklagte vor dem elektrischen Stuhl bewahrt und bereits die Auswahl der Jury kunstvoll betrieben. Dessen System:

„Laienrichter verurteilen selten jemanden, den sie schätzen, oder sprechen selten jemand frei, den sie nicht mögen. Die Hauptarbeit des Verteidigers besteht darin, die Jury dahin zu bringen, dass sie seinen Mandanten gern hat oder zumindest Sympathie für ihn bekommt; die Tatsachen bezüglich des Verbrechens sind relativ unwichtig. Ich versuche, Laienrichter zu bekommen, die möglichst wenig Bildung und möglichst viel Emotion haben. Iren sind immer die besten Laienrichter für den Verteidiger. Ich möchte keinen Schotten haben, denn der hat zu wenig menschliches Gefühl. Ich wünsche keinen Skandinavier, denn der hat zu viel Achtung vor dem Gesetz. Im Allgemeinen wünsche ich mir keinen religiösen Menschen, denn er glaubt an Sünde und Strafe. Man sollte auch reiche Menschen meiden, weil sie einen großen Respekt vor dem Gesetz haben, das sie selbst machen und anwenden."

Anwaltlichen Starkult kann man jedoch überziehen, wie *Rolf Bossi*, einst Galionsfigur hiesiger Strafverteidiger, gezeigt hat: In Mengenlehre nicht so versiert, verlangte er, der Verteidiger müsse *„natürlich zur Hälfte Pfarrer sein, zur Hälfte Soziologe, vielleicht auch noch ein bisschen Seelenarzt"*. Dabei bliebe dann kein Platz mehr für die wichtigste Zutat: Schauspielerei. Auch sah sich *Bossi* als *„Missionar"* und *„Robin Hood"*, wenn er für so ein *„armes Schwein die Drecksarbeit"* machte. Zu seinen *„armen Schweinen"* zählte auch die Schauspielerin *Ingrid van Bergen;* schnöde vom Geliebten versetzt, hatte sie diesen erschossen und dafür wegen Totschlags sieben Jahre Freiheitsstrafe eingefangen. *Bossi* hatte auf fünf Jahre plädiert. Eine Zeitung befand, sie habe die Strafe bekommen, die *Bossi* mit seinem Plädoyer verdient habe. Überhaupt wurde der Star von Gerichten zuletzt nicht mehr ganz ernst genommen, wenn etwa wieder mal das berühmt-berüchtigte *„Bossi-Syndrom"* für verminderte Schuldfähigkeit bemüht und von entsprechenden psychoanalytisch geschulten Experten diagnostiziert werden sollte. Schule gemacht hat die Abrechnungskunst des Staranwalts. Der zahlungsunfähige Angeklagte *„kapitalisert seine Persönlichkeitsrechte"* dadurch, dass er seine *„Lebensgeschichte exklusiv verkauft"* an Medien.

In den Schlingen der Mafia

Leicht können sich Anwälte in Schlingen mafioser Organisationen verfangen, wenn sie nicht äußerste Distanz wahren. So war es im Fall der *„schönen Isolde"*, einer bis dahin unbescholtenen Anwältin im Zuhältermilieu von St. Pauli Mitte der 1980er Jahre. Zuhälterkriege um den Prostituiertenmarkt prägten den Hamburger Kiez. Auf dem *„Strich"* kam es zum Preisverfall. Kämpfe rivalisierender Banden wurden brutaler. Appartement-Prostituierte erhielten ungewollt *„Beschützer"*. Unbotmäßige Bordell-Prostituierte wurden abgestuft in das *„Bananenstockwerk"* – *„Billigabteilung für Farbige und Türken"*; manche landeten auf dem *„billigsten Hafenstrich"*. Einige wurden gegen eine Ablöse als Sex-Sklavinnen in arabische Staaten deportiert. Auffällig häuften sich Todesfälle von V-Leuten und Zuhältern. Man fand sogar eine einzementierte Leiche. Übertrieben hieß es, gegen die Gangster an der Elbe seien *„die Boys in Chicago ein rührender Gesangverein"*.

Da entpuppte sich *„Mucki Pinzner"* als einer der Auftrags-Killer. 11 Morde wurden ihm zugeschrieben, fünf gestand er; es sei ihm darauf angekommen, sich als *„eiskalter"* Vollstrecker von seiner *„Pressereferentin"* – eben jener *„schönen Isolde"* – vermarkten zu lassen. Drei seiner Auftraggeber – *„Luden"* wie die meisten Opfer – wurden später zum Lebenslang verurteilt. *Pinzner* selbst entzog sich 1986 mit Hilfe seiner Anwältin der Verurteilung; aus der Haft zu einer Art Besprechung über eine Verfahrensbereinigung mit Polizei, Oberstaatsanwalt, Ehefrau und Anwältin in das Polizeipräsidium verbracht, erschoss er ebenda zunächst den Ankläger, dann seine Frau, zuletzt sich selbst. Darüber stürzten Innen- und Justizsenator.

Die Anwältin hatte *Pinzner* 73 mal in drei Monaten der Untersuchungshaft besucht, laufend mit Kokain versorgt, seine Kassiber als *„Friedenstaube"* befördert, eine Waffe vom Kiez an Frau *Pinzner* vermittelt, die zu jenem Gespräch bei der Polizei geladen war und dort die eingeschmuggelte Waffe ihrem Mann zusteckte. Zuvor hatte es zwischen Verteidigerin und Mandant Meinungsverschiedenheiten über die Vermarktung der *„Story des St. Pauli-Killers"* gegeben; *Isolde* habe deswegen – so das Gericht – auf einen Selbstmord des Ehepaars und auf eine *„Endlösung"* hingewirkt. 1988 wurde die Anwältin zu 5 ¾ Jahren wegen Beihilfe zum Mord, zur Tötung auf Verlangen und zur Geiselnahme sowie diverser weiterer Delikte verurteilt.

Nur schwarze Schafe im Anwaltsstand?

Geradezu unglaublich ist ein justizförmig in drei Instanzen ausgetragener Streit darüber, ob es einmalige Ausrutscher oder regelmäßige Praktiken seien, wenn Anwälte Komplizen ihrer Mandanten werden. Das Oberlandesgericht Oldenburg hat diese Frage 1988 nach zuvor kontroversen Beurteilungen durch zwei untere Gerichte entschieden. Alles Wichtige lässt sich dem Urteil entnehmen, so dass sich auch die Leserschaft ihre Meinung bilden kann:

A ist angeklagt wegen Unfallflucht und Trunkenheit im Straßenverkehr. Er geht zum Anwalt. Das Auto habe er selbst gefahren, zwei Zeugen könnten indes bezeugen, ein Dritter sei gefahren. Ob man damit vor Gericht durchkomme? Nicht aussichtslos, meint der Verteidiger; dann stünden zwei Zeugen dem einzigen Augenzeugen der Polizei gegenüber. Doch einer der Zeugen bekommt kalte Füße. Es sei eine Frage des Gewissens, ob man falsch aussage, beruhigt ihn der Anwalt. Allerdings dürfe niemand später ausscheren.

Es kommt zu den Falschaussagen. A wird dennoch verurteilt. Enttäuscht offenbart er sich dem Richter. Angeklagt wird nun sein Verteidiger und wegen Anstiftung zur Falschaussage und versuchter Strafvereitelung vom Amtsgericht zu einer drastischen Freiheitsstrafe ohne Bewährung verurteilt.

Jetzt erst beginnt der eigentliche Skandal. Auf die Berufung des Anwalts mildert das Landgericht die Strafe ab: 7 Monate mit Bewährung. Verständnis für den Anwalt, Kritik jedoch am ganzen Berufsstand:

> „Das Verhalten des Angeklagten ist kein Einzelfall, vielmehr bei Strafverteidigern gang und gäbe. Dies kann die Strafkammer aus Erfahrung mit Sicherheit feststellen. Es ist fast das tägliche Brot eines Strafrichters, mit unglaublichen und unfassbaren Beweisanträgen von Strafverteidigern konfrontiert zu werden; Beweisanträge, die nur dem Kopfe eines Strafverteidigers, nicht dem Kopfe eines normalen Angeklagten erwachsen sein können. Beweistatsachen, bei denen jedermann weiß, dass sie bewusst der Wahrheit zuwider behauptet werden…" Dieser Anwalt sei noch vergleichsweise harmlos; er verdiene deshalb eine geringere Strafe… „Der vorliegende Fall stellt im Grunde eine recht milde Form des Fehlverhaltens eines deutschen Strafverteidigers dar…Der Angeklagte…hat nur die Idee des A aufgegriffen, hat ein wenig nachgeholfen…Er stand vor der Wahl, entweder…das Spiel mitzumachen oder den Verteidigerauftrag loszuwerden…So stellt sich das Geschehen als ein Pechfall für den Angeklagten dar. Die Kammer hält es nicht für der Gerechtigkeit letzten Schluss, anhand dieses Zufalles ein Exempel zu statuieren."

Das Oberlandesgericht hebt dieses Urteil auf. Keineswegs, so befinden die Revisionsrichter, gebe es einen Erfahrungssatz, wonach tagtäglich aus den Köpfen von Strafverteidigern unfassbare Beweisanträge erwüchsen. Auf solche Weise werde ein ganzer Berufsstand undifferenziert herabgewürdigt. Indem es einer strengeren Bestrafung jenes schwarzen Schafes in den Reihen der Verteidiger den Weg bahnt, rehabilitiert es den ganzen in Verruf geratenen Berufsstand. – Zu Recht?

7. Von kriminalistischen Halbgöttern in weißen Kitteln

Nun zu Ärzten, die der Strafjustiz und Kriminalistik dienen und als „Halbgötter in Weiß" (heute öfter „in Grün") tituliert zu werden pflegen: Psychiater und Rechtsmediziner. Wollte man getreu *Sigmund Freud* ergründen, warum sich der *Verfasser* satirisch auch dieser Profession zuwendet, könnten vielleicht zwei Episoden aus dessen Anamnese Aufschluss geben: Er selbst war 8. Kind eines Psychiaters. Der hatte auf seinem Totenbett geäußert, seine Kinder dürften alles werden – nur nicht Psychiater. Als der *Verfasser* dies später mal dem SPIEGEL-Reporter *Gerhard Mauz* preisgab, lud der ihn ein, doch seinem Club Psychiater-geschädigter Abkömmlinge, die einen Drang zu Schattenseiten menschlichen Verhaltens hätten, beizutreten. Zu dem Club gehörte *Oswalt Kolle,* der weiland die Frau als unbekanntes (Sexual-)Wesen entdeckt und vermarktet hatte.

Gerichtsarzt für Querulantologie

Als der *Verfasser* nach Verlassen der Justiz Gefangene in Haftanstalten interviewte, bot so mancher „Kollege" dem Forscher ungebeten an, doch ergänzend auch Krankenakten einzusehen – Datenschutz hin, Datenschutz her. Ein Gefängnispsychiater gab ihm ganz unverblümt seine Einschätzung der Patienten preis:

> „Das sind hier alles Querulanten. Schauen Sie ruhig die Akten an. Bei keinem ist man als Arzt gefordert."

Da verwunderte es nicht, dass 1964 in dem Hamburger Skandallfall der *„Glocke"* – wie später auch im Kölner *„Klingelpütz"* – ein angeblich querulatorisch-aufsässiger Untersuchungsgefangener *„zerprügelt von seinen Gefängniswärtern, verdorrt in einer Temperatur, die `dem Wüstenklima zur Mittagszeit' entspricht"*, ohne ärztliche Hilfe in der berüchtigten Beruhigungszelle verstorben war.

Der Kieler Kriminologe *Joachim Hellmer* recherchierte in seinem Aufsatz *„Der psychiatrische Kohlhaas – ein Beitrag zur `Querulantologie'"* zahlreiche Fälle, in denen man in ähnlicher Haltung unbequeme Zeit- und sogar Zunftgenossen aus dem Verkehr gezogen hatte über strafrechtliche Instrumente der Haft und Unterbringung, darunter diesen:

„Dr. *Weigand* hatte im Zusammenhang mit einem Mordfall in Münster schwere Vorwürfe gegen die dortige Justiz erhoben, die seiner Meinung nach nicht genügend ermittelt hatte. Als sie nicht reagierte, hatte er auch unflätige Ausdrücke gegen sie gebraucht. Der daraufhin vom Staatsanwalt bestellte Psychiater war nach 6-wöchiger Beobachtung des Dr. *Weigand* in einem 242 Seiten umfassenden Gutachten zu dem Ergebnis gekommen, es liege bei Dr. *Weigand* erheblich verminderte Zurechnungsfähigkeit...vor. Kurz darauf änderte er sein Gutachten in einem halbseitigen Zusatz dahin ab, dass Zurechnungsunfähigkeit vorliege, woraufhin der Richter sofort einstweilige Unterbringung anordnete, bis 2 andere Psychiater sowohl den einen wie den anderen Befund verneinten und Dr. *Weigand* wieder frei kam."

Günter Schewe – Rechtsmediziner – verglich solcherlei Gutachten psychiatrischer Kollegen vor Gericht mit dem Dialog aus *William Shakespeare's „Hamlet": „Polonius – der 'Gutachter'– plappert alles nach, was Hamlet – der 'Richter'– gerade sagt; zuvor hatte er das Gegenteil geäußert. "*

Hintergründe derartigen Gutachtergebarens, sich als Therapeuten für verfahrene Situationen in der Strafjustiz missbrauchen zulassen, beleuchtet eine Begebenheit, die der forensische Psychiater *Willi Schumacher* dem *Verfasser* berichtete: Er war von einem verzweifelten Staatsanwalt um Hilfe gebeten worden. Gegen einen berühmten Mann der Wirtschaft laufe schon jahrelang ein Ermittlungsverfahren wegen umfänglicher Wirtschaftsstraftaten. Ein Amtsvorgänger sei wegen des Verfahrens bereits in ärztliche Behandlung gekommen. Er wolle kein gleiches Schicksal erleiden. Das Dienstzimmer quelle über von Akten in dieser Sache. Dem schriftlichen Gutachtenauftrag fügte er mündlich an, er würde sich freuen, wenn sich irgendetwas für erheblich verminderte Schuld finden lasse; dann könne man das Verfahren elegant durch „Verfahrensabsprache" erledigen, ohne den Aktenberg des Vorgängers erneut bearbeiten zu müssen, ohne umfängliche Anklage, ohne quälende Hauptverhandlung.

Wenn Therapeuten mit dem Feuer spielen

Psychiater, Psychologen oder Sozialarbeiter verlieren mitunter die Distanz zu ihren Probanden. Aus Empathie wird Sympathie, aus dieser Zuneigung und aus ihr Hingabe, seltener in einen Eheschluss mündend, öfter verquickt mit Strafvereitelung.

Spektakulärster Fall war die Liaison des „Heidemörders" *Thomas H.* Zu Lebenslang und Unterbringung wegen Vergewaltigung, Verstümmelung und Mord von drei Frauen verurteilt, war er in einer Hamburger geschlossenen Klinik untergebracht. *Tamar S.* war seine Psychotherapeutin und spätere Fluchthelferin. Nach der Festnahme outete sie sich als Lesbe, die sich erstmals in einen Mann verliebt habe. Beide wollten heiraten und die Zeremonie medienwirksam vermarkten. Wie Distanzlosigkeit grassieren kann, beschrieb der SPIEGEL:

> „In der kleinen, aber geschlossenen Drogenklinik Parsberg (für strafgerichtlich Untergebrachte), gelegen in der frommen Oberpfalz, musste man sich schon kurz nach der Klinikeröffnung gleich wieder von sechs weiblichen Mitarbeitern trennen. Die Ärztin, die Psychologin, eine Sozialpädagogin und drei Pflegerinnen hatten intime Beziehungen zu ihren männlichen Schützlingen aufgenommen; fünf Keith-Richards-Fans (Patienten) machten von der Zuwendung auf ihre Art Gebrauch und entflohen."

Auch männliche Therapeuten können über menschlich-allzu menschliche Neigung fallen, wie der *Verfasser* während seiner drogenkriminologischen Forschung erlebte: Der psychiatrische Leiter einer der ersten Entgiftungskliniken gewann bei den ihm von der Justiz anvertrauten Straftätern den Ruf, Probanden mit homophiler Aufgeschlossenheit zu bevorzugen. *Jens* – dem *Verfasser* schon bei Gericht als Rocker, im Forschungsinterview in der Haftanstalt als Strichjunge und pfiffig-perfider Fixer aufgefallen – hatte Wohlwollen des Arztes und die Zusage baldiger Klinikaufnahme bewirkt. Erneut einer Strafverfolgung ausgesetzt, erpresste er sich später die tatsächliche Aufnahme als Schutz vor polizeilicher Festnahme unter Anspielung auf seine Kenntnisse über des Arztes Neigungen. Dieses Wissenspotenzial nutzte er anhaltend, bis es ruchbar wurde und der Arzt in das Sperrfeuer öffentlicher Kritik geriet und gehen musste.

Merkwürdiges aus der Zunft der Rechtsmediziner

Zu Beginn seines Jura-Studiums besuchte der *Verfasser* eine gerichtsmedizinische Vorlesung mit Exkursionen. Die beiden Dozenten waren gänzlich unterschiedlich geartet, Grundtypen der Zunft: Der eine älter, vornehm distanziert, allein Forschung und Lehre verpflichtet. Der andere jung, forsch, mokant bis zynisch, sich an Wirkungen makabrer Aussagen weidend. Letzterer warnte etwa weibliche Rechtsjünger angesichts einer Lehr-Obduktion, so manche Studentin sei früher schon umgekippt. Genüsslich demonstrierte er unterschiedliche Verwesungsstadien. Wie ein Gedicht waren manchmal Regeln und Diagnoseformen nachzusprechen, so die Grundformen der mit Gewalt ausgeführten Tötungen: *„Stoß, Hieb, Stich, Erhängen, Erdrosseln, Erwürgen."*

Makaber klingen oftmals schon Themen rechtsmedizinischer Arbeiten. Reichlich bebildert werden sie in einem Fachjournal offeriert, etwa so:

> „Homizidale versus suizidale Penisamputation". In dem so titulierten Aufsatz wird eine „Auffindungssituation" festgehalten: „Ein 78 Jahre alt gewordener Mann wurde nachts gegen 2.00 Uhr auf einer Doppelbetthälfte in seiner Wohnung unbekleidet in Rückenlage, den Unterkörper bis zum Genitalbereich mit dem Plumeau bedeckt, leblos gefunden. Auf dem Genitalbereich liegend fand sich ein aufgeschlagenes Fotoalbum (Abb. 1). Bei kriminalpolizeilicher Fundortbesichtigung wurde nach Abheben des Fotoalbums eine Genitalverstümmelung festgestellt. In Reichweite oder Nähe des Leichnams wurde weder der Penis noch ein schneidendes Werkzeug vorgefunden…"

Womöglich karriereschädigend können sich rechtsmedizinische Forschungsaktivitäten auswirken: Bei der Besetzung eines entsprechenden Lehrstuhls war ein Bewerber mit wissenschaftlichen Meriten um die Verkehrsunfallforschung zu beurteilen; seine Methode war es, echte Leichen statt künstlicher *„Dummys"* bei *„Crashtests"* einzusetzen, sie gelegentlich gegen Wände zu schleudern, oft ohne Wissen von Angehörigen. Ein Mitglied der Berufungskommission äußerte hinter vorgehaltener Hand: *„Der mag ja ein hervorragender Wissenschaftler sein, aber wollen Sie den als Kollegen haben?"*

Mit „forensischer Fingersprache" wurde der *Verfasser* in seiner Gerichtstätigkeit vertraut, wenn in Sachen alkoholisierter Straftäter ein eigentümlicher Toxikologe sein Votum zur Schuldfähigkeit gab. Der murmelte seinen Part unverständlich herunter. Niemand verstand, was er zu höherer Alkoholmathematik über Vor- und Rückrechnungen, Widmark- und ADH-Messungen von sich gab. Beteiligten kam es ohnehin nur auf das Ergebnis an. Dies wissend und der gerichtlichen Ungeduld Tribut zollend, hatte er sich angewöhnt, sein Gutachten mit Fingerzeichen abzuschließen:

Daumen oben: *„§ 51 Abs. 1"* = *schuldunfähig;* Daumen und Zeigefinger oben: *„§ 51 Abs. 2"* = *erheblich vermindert schuldfähig;* Daumen und zwei Finger oben: *„§ 51 Abs. 3",* den es nicht gab, was bedeuten sollte: *ein bisschen verminderte Schuldfähigkeit;* Daumen unten: *keine Einschränkung der Schuldfähigkeit, angebliche Alkoholisierung bloße Schutzbehauptung.*

Strick um den Hals: natürliche Todesursache?

Manche Groteske bieten ärztliche Todesbescheinigungen. Rechtsmedizi-ner monieren fachliche Inkompetenz und Befangenheit der damit betrau-ten Kollegen. Sarkastisch klingen ihre Befunde und Resümees:

- *„Wenn auf jedem Grab, in dem eine Leiche mit falsch diagnostizierter Todesursache liegt, eine Kerze brennen würde, wären Deutschlands Friedhöfe hell erleuchtet."*
- *„Tote haben keine Lobby. Die machen bestimmt keinen Sternmarsch nach Berlin. Wenn alle unerkannt Gemordeten sich zum Justiz- und Gesundheitsministerium aufmachten – die geforderten Gesetze zu Lei-chenschau und Obduktion wären binnen weniger Tage reformiert."*
- *„Inmitten ihrer Kittel und Besen lehnte die tote Berlinerin in der Kam-mer für's Grobe. Ein Arzt warf einen schnellen Blick auf die Tote und befand, ein Asthma-Anfall habe der Verblichenen den Atem geraubt. Als Bestatter den Leichnam aus der Besenkammer bargen und in einen Sarg betten wollten, offenbarte sich den Männern, was der Frau so ab-rupt das Leben genommen hatte: ein Strick um den Hals, der die Lei-che in der Vertikalen hielt."*
- *„Tod eines Münchners, dem ein Doktor einen friedvollen Exitus be-scheinigte, obschon der Leiche noch das Messer aus der Brust ragte".*
- *„Eine hannoversche Ärztin attestierte einer 74-Jährigen altersgemä-ßen Herztod – der Bestatter hingegen zählte 20 Messerstiche in Brust und Rücken der toten Frau."*
- *„Eine alte Frau lag leblos am Fuß der Kellertreppe. Herzinfarkt und Sturz als natürliche Todesursache diagnostizierte der Hausarzt...Erst die Bestatter fanden beim Abtransport der Leiche eine Waffe unter dem Körper. Auch fielen ihnen Einschusslöcher im Schädel der Toten auf."*
- *„Ein Mann stirbt nach der Diagnose des Arztes eines natürlichen To-des. Aus ordnungspolitischen Gründen wird die Leiche im Leichen-schauhaus untergebracht und zu Studienzwecken geöffnet. Tief im Schlund des Toten fand sich ein Taschentuch. Es lag Raubmord vor."*
- In Sachen *Vera Brühne* – für viele geheimnisvollster, umstrittenster, spektakulärster Mordfall der Nachkriegszeit – wurden die beiden Lei-chen bestattet, nachdem ärztlich und polizeilich festgestellt worden war, *Dr. P.* habe Mord und Selbstmord begangen. Der Sohn *Dr. P's* erstattete jedoch Mordanzeige. Die Leiche wurde exhumiert. Man stell-te eine vorher übersehene Schussverletzung am Schädel *Dr. P's* fest.

Aus dem Selbstmord des angeblichen Mörders wurde ein Doppelmord von dritter Hand.

– Der Hausarzt stellte im Totenschein eine natürliche Todesursache für die in der Pflege verstorbene Greisin fest. Der Bestattungsunternehmer fand jedoch schwere Schädelverletzungen. Der konsultierte Rechtsmediziner befragte jenen Hausarzt nach dem Grund der Fehldiagnose. Antwort: Die Verletzungen habe er sehr wohl gesehen und eine natürliche Todesursache attestiert, weil sowas ja schließlich kein Mensch überlebe!

Justizirrtümer – aber es gibt bei uns ja nicht die Todesstrafe

Tausende Todesurteile mussten bislang in den USA wegen erwiesener Irrtümer aufgehoben werden; in nicht wenigen Fällen geschah es erst nach der Exekution. Justizirrtümer sind nie vermeidbar. Richter sind Menschen. Sie können irren. Auch Rechtsmediziner können für folgenreiche Irrtümer verantwortlich sein. Rechtsmediziner von Rang hatten an den beiden berühmtesten Fällen fehlerhafter Urteile der deutschen Nachkriegsjustiz entscheidend mitgewirkt:

Im Münsteraner Fall ging es um den zweifelsfrei begangenen Mord an *Hermann Rohrbach* 1957. Seine Frau, *Maria Rohrbach*, war aufgrund erheblicher Indizien in Verdacht geraten. Ihre Verurteilung wegen Mordes stützte sich auf angeblich bewiesene Hypothesen des namhaften Rechtsmediziners *Professor Specht* und weiterer Koryphäen. Bei dem Auffinden verpackter Körperteile an verschiedenen Stellen des Aasees fehlte lediglich der abgesägte Kopf. Der sei, so die Gutachter, im Küchenherd verbrannt worden. Im Ofen hatten sich Thallium-Rückstände gefunden, die mit einer Vergiftung durch die Ehefrau in Verbindung gebracht wurden. Doch fand sich nach Jahren der unverbrannte Kopf. Im Wiederaufnahmeverfahren und freisprechenden Urteil waren den Gutachtern inkompetente wissenschaftliche Arbeitsweisen bescheinigt worden; so hatte man verkannt, dass Thallium-Rückstände in Ofenrohren bei Kohleverbrennung üblich sind.

Im ebenso spektakulären „*Kälberstrick-Fall*" soll laut Urteil von 1955 der Metzger *Hans Hetzel* eine Anhalterin vergewaltigt und umgebracht haben. Die Strangulations-Hypothese sah das Gericht aufgrund eines Obergutachtens des berühmten Fachvertreters *Professor Ponsold* als erwiesen an. Der wollte durch Ferndiagnose auf einem unscharfen Foto am Hals des

Opfers Abdrücke eines im Beruf des Metzgers üblichen Kälberstricks erkannt haben. *Hetzel* wurde erst 1969 in der Wiederaufnahme freigesprochen. Neue Gutachter hatten erkannt, dass die Linien am Hals der Leiche eindeutig nicht von einer Strangulation stammten, vielmehr von Zweigen, auf denen die Getötete gelegen hatte.

Der Arzt – Dein Mörder?

Makabres ereignet sich bekanntlich im teilweise mafiosen Organtransplantationswesen. So standen 1990 in England drei prominente Mediziner vor Gericht: der Direktor des karitativen Nationalen Nierenzentrums, ein Chirurg, der über 2.000 Nierentransplantationen vorgenommen hatte, und ein Urologe. Verurteilt wurden sie, weil sie mehreren Patienten ohne Einwilligung Nieren entnommen und gegen hohes Honorar Empfängern implantiert hatten. Auslöser war dieser Fall: Jemand hatte einen armen anatolischen Türken nach England gelockt mit dem Versprechen, die nötige Blinddarmoperation in einer Prominentenklinik zu arrangieren. In die Heimat zurückgekehrt, hatte man nach langer Bettlägerigkeit festgestellt, dass ihm nicht der Wurmfortsatz, sondern eine Niere fehlte. Der englische Urologe hatte die Organentnahme vorgenommen, ohne mit dem Patienten vorher gesprochen zu haben. Im Prozess sagte er: *„Ich bin ein Techniker. Ich nehme Nieren heraus, das ist alles. Ethische Fragen der Medizin haben mich nie interessiert."*

Unter Mördern findet man Herren aus allen gesellschaftlichen Schichten, auch Ärzte: So stand 1993 in Fürth der Zahnarzt und Humanmediziner *Dr. Dr. H.* vor dem Schwurgericht. Er gestand mehrere Morde, begangen wegen Überschuldung. Wahrscheinlich erstes Opfer war ein alkoholkranker Student. Ihn hatte der Arzt erschlagen und einen Verkehrsunfall vorgetäuscht. Es ging um etliche Millionen aus Lebensversicherungen. Wegen zahlreicher Fälschungen war das Geld aber nicht ausgezahlt worden. Weiteres Opfer wurde eine alte Rumänin. Der Arzt hatte sie bei sich aufgenommen. Im Wohnmobil seiner Lebensgefährtin hatte er sie erschlagen. Viel Geld ging an ihn als Erben. Weitere Verbrechen wurden wegen jahrelangen Abrechnungsschwindels vermutet, konnten indes nicht aufgeklärt werden.

Auch ein Rechtsmediziner – der Kreis schließt sich – kann unter Mordverdacht geraten: Im Stockholmer Haga-Park fanden sich in Säcken Leichenteile einer Prostituierten. An der Obduktion wirkten der Chef der

Rechtsmedizin, sein Mitarbeiter, ein Orthopäde und ein Kriminaltechniker mit. Sie resümierten, der Täter müsse Kenntnisse in Anatomie und Chirurgie gehabt haben. Die Altersschätzungen der vier wichen stark voneinander ab. Lediglich der Mitarbeiter des Professors erkannte das später festgestellte richtige Alter des Opfers von 28 Jahren. Just gegen ihn sammelten sich Indizien: Der Fundort lag nahe dem Institut; zur Tatzeit war er dort tätig; seine Frau soll sich Jahre zuvor ohne erkennbares Motiv erhängt haben; er hatte eine Vorliebe für Pornografie und Prostitution; Prostituierte erkannten ihn als ehemaligen Kunden. Aber die Ermittlungen versandeten. Zwei Jahre darauf berichtete eine Zeugin, ihre kleine Tochter habe miterlebt, wie ihr früherer Ehemann, gleichfalls Mediziner, und der junge Rechtsmediziner eine Leiche zerstückelt hätten. Die Indizienkette verdichtete sich, so dass beide Mediziner wegen Mordes verurteilt wurden. Indes: Da die Schöffen in der Öffentlichkeit geplaudert hatten, musste das Urteil aufgehoben werden. Ein anderes Gericht sprach mangels Beweises frei. Anhaltende öffentliche Auseinandersetzungen führten letztlich dazu, alle ungeklärten Frauenmorde des letzten Jahrzehnts erneut zu untersuchen – unter Beteiligung von Rechtsmedizinern selbstredend.

Zu guter Letzt: „Dr. Death" von Old Bailey

Sir Bernhard Spillsbury vom St. Mary's Hospital in London gilt als Begründer der Gerichtsmedizin. Anerkennend ward er *Dr. Death* genannt. Todesurteile in Old Bailey stützten sich regelmäßig auf seine Expertisen. Über ihn wird berichtet:

> „Jeder englische Mörder, der etwas auf sich hielt, hatte gute Gründe, sich vor einem Gutachten von *Sir Bernhard* zu fürchten. Er war hochgewachsen, ansehnlich und gekleidet von Savile Row. Eine rote Nelke zierte sein Knopfloch. Seine Ausführungen vor Gericht waren kurz, klar und bestimmt. Seine Glaubwürdigkeit stand außer Frage. Während der Weltkriege war kein Schwurgericht komplett ohne *Spillsbury*, der lediglich der letzten Hilfe eines Henkers bedurfte, um sein Werk zu vollenden. Nur einmal wurde er unsicher, als während eines Disputs mit einem neuen Strafverteidiger der junge Mann fragte: 'Wann haben Sie das letzte Mal einen lebenden Patienten untersucht, *Sir Bernhard*?' In seiner Karriere hatte *Spillsbury* über 25.000 Tote untersucht. Etwa 250 hatten mit Mord zu tun. Man kann nur mutmaßen, wie oft ihm Fehldiagnosen unterlaufen sind; selbst wenn dies nur 5 % ausmachte, wäre die Zahl s e i n e r Opfer größer als die von *Jack the Ripper*. Am 17. Dezember 1947 erstattete *Spillsbury* sein letztes Gutachten. Nach dem Dinner in

seinem Londoner Club ging er in das Labor seiner Universität und vergaste sich."

8. Von schmierenden und geschmierten Journalisten

Oftmals schmücken oder schlachten Vertreter der „Vierten Gewalt" Verbrechen aus oder erfinden sie sogar. Selbst dort, wo sich Reportage scheinbar objektiv gibt. Wenn's denn der Auflagenstärke oder Einschaltquote dient!

So drängte Mitte der 1970er Jahre im Verlag *John Jahr* eine neue Zeitschrift „*Criminal*" auf den Markt. Sie warb um Abonnenten:

> „Ein Zug rollt durch Deutschland. Ein Zug wie jeder andere. Und doch ganz anders. Wer einsteigt, spürt den heißen Atem brutaler Triebtäter im Nacken. Sieht gemeinen Mördern in die gnadenlosen Augen…Dieser Zug kommt zu Euch, Leute! Geht hin! Staunt! Zittert! Seht die Waffe von Billy the Kid. Für viele Menschen war sie das Allerletzte, was sie je sahen. Erlebt einen echten Banküberfall im Schießkino. Verfolgt, erschießt die Gangster auf der Flucht!"

„*Realtity TV*" und entsprechende literarische Produkte schwimmen auf gleicher Welle, wie ein Kriminologe festgehalten hat:

> „Auch der feine Rowohlt-Verlag will etwas von der Beute. Ab Oktober (1993) startet er die neue Taschenbuchreihe `True Crime´, `authentische Kriminalfälle, wie sie das Leben schreibt´. Werbetext: `Kriminalfälle aus dem Alltag, von hartgesottenen Schreibern…das amerikanische Publikum verschlang die blutigen Geschichten in Millionenauflagen´."

Die „*Hamburger Morgenpost*" berichtete um 1970 über einen Prozess gegen eine Rockergruppe vor der Jugendstrafkammer, in welcher der *Verfasser* mitwirkte. Ein Jugendlicher wurde wegen versuchter Vergewaltigung einer 14-Jährigen verurteilt. Man hatte das Mädchen aus purem Übermut in die Außenalster geworfen. Der Rocker hatte sodann versucht, sie im Wasser zu vergewaltigen. Der Reporter legte ihm frei erfundene Worte in den Mund, wie z.B. die Aufforderung „*Ersäuft sie wie eine Katze!*" Von dem Wachtmeister deswegen ironisch als „*Schmierfink*" angesprochen, fühlte er sich in seiner literarischen Ehre angegriffen: „*Ich habe mit der Geschichte doch die Atmosphäre gut eingefangen!*"

Das nämliche Boulevardblatt schilderte einen anderen in der Jugendkammer erörterten Vergewaltigungsfall: Eine Studentin sei im Auto am Hamburger Hauptbahnhof überfallen und missbraucht worden (soweit zutreffend). Daraufhin habe sich (dies nun erfunden) ihr Verlobter spontan von ihr losgesagt. Durch Nennung örtlicher Details war die betroffene Familie bloßgestellt. Die Studentin vertraute sich dem *Verfasser* an. Wegen des Protests bei der Zeitungsredaktion startete diese sogleich ein Ablenkungsmanöver: Sie fragte Politikerinnen, ob man über eine Sexualstraftat zur Vorbeugung sogleich berichten solle, selbst wenn noch nicht alle Einzelheiten geklärt seien. Leidenschaftliche Zustimmung. So glaubte man, Gegendarstellung, Verleumdungsklage und Schadensersatzforderung abwenden zu können.

In derselben Jugendstrafkammer musste sich eine 15-Jährige wegen Tötung ihrer Mutter verantworten. Ein durch und durch tragisches Geschehen. Allenfalls geringe Schuld war festzustellen. Während des gesamten Verfahrens – von der Festnahme bis zur Verurteilung zu einer Bewährungsstrafe – recherchierte und berichtete der STERN mit voller Namensnennung, Fotos und Faksimiles gekaufter Dokumente. Zeugen hatten vor und nach Vernehmungen der Zeitschrift Auskünfte gegeben und dafür Geld sowie unzutreffende Versprechungen erhalten. Das öffentlich bloßgestellte Mädchen musste mit Pseudonym zum Eigenschutz in ein anderes Heim verbracht werden. Die Presse wurde nach Erscheinen einer Titel-Story daraufhin während der Hauptverhandlung ausgeschlossen.

Ähnlich anrüchig war eine Publikationsserie dieses sonst verdienstvollen Blatts von 1983 zu angeblichen *Hitler*-Tagebüchern. Auf den fast genialen Kunstfälscher *Konrad Kujau* war die Redaktion leichtfertig hereingefallen – oder wollte sie betrogen werden um der Sensation willen? Immerhin wurden die Auflagen und Bezugspreise kräftig erhöht. Der Chefredakteur verkündete: *„Die Geschichte des Dritten Reiches muss teilweise umgeschrieben werden."* 9 Millionen wurden für den Schwindel gezahlt. Den Betrug durch *Kujau* und seinen moralisch kongenialen Starreporter *Gerd Heidemann* wertete das Gericht als weniger schwerwiegend wegen erheblichen Mitverschuldens der Betrogenen. So hatte die Redaktion zwar Historiker und Grafologen bemüht. Die naheliegende, verlässlichere und billigere Möglichkeit, Fälschungsspezialisten des Bundeskriminalamts einzuschalten, wurde übergangen. Sonst hätte man rasch erkannt, dass nicht einmal Kladdenpapier und Tinte das vorgetäuschte Alter der *Hitler*-Texte aufwiesen. Ironie der Geschichte: *Kujau* selbst wurde Opfer einer Fälschung; zu einem 1998 unter seinem Namen erschienenen Buch *„Die Originalität der Fälschung"* befand er: *„Nicht eine Zeile davon habe ich geschrieben."*

Aller schlechten Ding sind drei. Dieses zweifelhafte Recherchieren geht gleichfalls auf das Konto selbigen Journals: Ein katholisches Hirtenwort im Wahlkampf wurde als Parteinahme für Kanzlerkandidat *Franz-Josef*

Strauss gegen Kanzler *Helmut Schmidt* kritisiert. Reporter begaben sich in Kirchen zwischen Köln und Sonthofen. Sie schilderten im Beichtstuhl „*Gewissenskonflikte"* bei der Wahl. Veröffentlicht im Magazin wurden nun priesterliche Antworten wie diese: „*In der SPD ist der Teufel"* – „*Ein Christ muss in der Lage sein, über das Menschliche hinwegzusehen"* – „*Wer Strauss nicht wählt, gefährdet sein Seelenheil".* Angefügt wurden heimlich gefertigte Fotos der Beichtväter.

Selbst aufgeklärte Journalisten sitzen mitunter kriminalistischen Klischees auf. So kommentierte *Johann Georg Reißmüller* in der FAZ 1997 die Berliner Ausstellung „*Bilder, Rituale und Symbole der früheren DDR".* Er beschrieb Fotos des berüchtigten Staatsratsvorsitzenden *Walter Ulbricht* und ließ Erinnerungen an überholt geglaubte Verbrecher-Physiognomien eines *Lavater* und *Lombroso* wach werden:

> „Er schaute in diesen frühen Jahren immer bedrohlich aus; man betrachte ihn...auf dem ersten Gruppenbild...aus dem Jahr 1949: es ist das Gesicht eines Staats-Terroristen. Auf einem Plakat...im Jahr 1952 – das war in der Zeit einer beschleunigten, auch gewaltsamen Sowjetisierung...– hat *Ulbrichts* Gesicht gar einen Zug von *Stalin.*"

Oft genug machen sich auch Journalisten der Sprachmisshandlung schuldig. Da berichteten etwa die beiden Lokalzeitungen von einem Vortrag in dem vom *Verfasser* veranstalteten Gießener Kriminologischen Praktikerseminar zum „Konzept des Hirntodes bei der Todesfeststellung für Organentnahmen". Nach dem Referenten müsse für die Todesfeststellung der Grundsatz „in dubio pro reo" gelten, so die eine Zeitung. Doch wer ist hier der „reus", der „Angeklagte"? Gemeint war „in dubio pro vita" – im Zweifel für das Leben. Der „Hirntod" werde tatsächlich – so der andere Bericht – schon seit 1987 praktiziert. Wie das? Seit Menschen sterben, gibt es den Hirntod. Gemeint war Hirntod als maßgebliches Kriterium für die Todesfeststellung.

Zu ungewöhnlicher Korrespondenz zwischen fahndendem Journalisten und Verfolgtem kommt es manchmal, wie „*Ganoven-Ede"* – *Eduard Zimmermann –,* damaliger Moderator von „*XY ungelöst"* im ZDF, erinnert:

> „Wir hatten mal von einem Kaserneneinbruch berichtet und behauptet, der Täter hätte auch die Weihnachtspakete der Soldaten geöffnet und vom Christstollen probiert. Nach seiner Festnahme bekamen wir einen Brief von ihm. Er fühlte sich in seiner Ganoven-Ehre gekränkt und schrieb: `Der Einbruch geht zwar auf mein Konto, aber von dem Stollen habe ich nicht genascht.´"

9. Von einfältigen und schießwütigen Kriminal-Politikern

Dummheit schützt nicht vor politischer Karriere:

Die bloß Einfältigen

Gerade zum neuen Drogenbeauftragten der Bundesregierung ernannt, wurde *Eduard Lintner* auf seiner ersten Pressekonferenz gefragt, was ihm zu *„ turkey"* – Begriff in der Drogen-Szene für Entzugserscheinungen eines Junkie – einfalle. Die entlarvende Antwort:

> „Hier handelt es sich um eine besondere Art – soviel ich weiß – von Rauschgift, das aus einer bestimmten Region – möglicherweise – der Welt kommt."

Ähnlich naiv eine Ministerin bei Amtsantritt nach dem Bericht des FAZ-Magazins:

> „Die niedersächsische Justizministerin kennt die Probleme des Strafvollzugs und also auch jene im Gefängnis von Vechta, in dem nur noch Frauen einsitzen. Warum das? *Heidi Alm-Merck* erklärt mit einem Hinweis aufs Biologische: ´Wir haben die Erfahrung gemacht, dass Männer und Frauen schon vom Geschlecht unterschiedlich sind.´"

Ahnungslos zeigten sich lange Jahre westdeutsche Politiker gegenüber Kollegen der DDR. Offiziell glaubten Politiker und Ideologen des sozialistischen Deutschlands an das Absterben der Kriminalität. Bundesdeutsche Politiker paktierten kriminalpolitisch mit dem Teufel. In deutschdeutschen Kriminalitätsgeschäften wurden tatsächlich oder nur angeblich aus politischen Gründen im Osten Inhaftierte für Kopfgelder um 40.000 DM freigekauft. Darunter waren zahlreiche gewöhnliche Kriminelle, sogar schwere Gewalt-Rückfalltäter, deren Verurteilungen „politisch frisiert" waren. Beteiligte „Advokaten des Teufels" – *Kaul, Vogel* – erhielten keine Akteneinsicht. Man kaufte „die Katze im Sack". *Erich Honecker* konnte frohlocken: 1. Wertvolle Deviseneinnahme, die den defizitären Staatshaushalt auszugleichen half; 2. Verhöhnung der wirklich politisch Verfolgten (*„ Wir haben ja schon immer gesagt, das seien gewöhnliche Kriminelle"*); 3. Verschiebung der Problematik von Rückfallkriminalität und Asozialität in den *„Kapitalismus"* zu dessen Schaden; 4. Beitrag zur Realisierung des proklamierten Absterbens von Kriminalität; 5. Unterstützung der These höherer Kriminalität im kapitalistischen System; 6. Ersparnis der Kosten für Behandlung kriminell auffälliger Menschen; 7. Anschein eines Beitrags in der Menschenrechtsfrage.

Aber die Zeit des „real existierendenen Sozialismus" ging zu Ende. So sinnierte die ungarische Kriminologin *Gönczöl* 1993 auf einem Kongress: Im Studium habe man ihr – der kommunistischen Doktrin getreu – gesagt, Kriminalität werde beseitigt. Aber sie wollte sich doch gerade der Kriminologie widmen! Nun sei sie Kriminologin geworden; abgeschafft sei nicht die Kriminalität, sondern der reale Sozialismus, und abgesetzt seien die linientreuen politisch irrenden Propheten von einst.

Kriminalität wird mitunter sogar durch Kriminalpolitik erhalten als Arbeitsbeschaffungsprogramm für unzählige mit ihrer Verwaltung befasste Menschen. 1981 protestierte in diesem Sinn der Personalrat des Kraftfahrt-Bundesamtes in Flensburg gegen die Heraufsetzung der Punktegrenze bei Eintragungen in die „Verkehrssünderkartei" durch Bundesgesetz. Über 200 Mitarbeiter würden dadurch arbeitslos.

In die gleiche Richtung wies 1992 die Mahnung eines Strafanstaltsleiters an das Vollstreckungsgericht: Man solle doch großzügiger Bewährungsaussetzungen widerrufen, denn im Gefängnis sei wieder Platz; es drohe sogar der Abzug von Mitarbeiterstellen wegen rückläufiger Belegung. – Schafft nicht die Todesstrafe ab, der Henker würde arbeitslos!

Bei parlamentarischen Experten-Anhörungen stößt man öfter auf Einfalt und Heuchelei. Im Innenausschuss erinnerte der *Verfasser* in der Diskussion um Verschärfungen des Drogenstrafrechts an legale Suchtmittel, namentlich Alkohol. Der sei womöglich gefährlicher als Haschisch. Gelächter bei Abgeordneten: *„Das ist ja noch mal schöner, Alkohol als Rauschdroge!"* Man hatte sich ja scheinheilig der drogenfreien Gesellschaft verschrieben und über die vielen alkoholkranken Politiker hinweggesehen.

Merkwürdiges berichtete auch *Horst Schüler-Springorum* in seinem Buch „*Kriminalpolitik für Menschen*" aus Anlass der Anhörung im Bundestag zur Maßregel der Unterbringung in einer sozialtherapeutischen Anstalt:

> „Die Stellungnahme der Experten bewirkte selbst nicht die kleinste Änderung des...Gesetzentwurfs. Der Ausschussvorsitzende demonstrierte sein Desinteresse, indem er während des Vortrages der Experten angeregt mit seinen Nachbarn plauderte und auf schnelle Beendigung der Anhörung drängte."... „... eine zwar kostspielige Pflichtübung, im Übrigen aber ein folgenloses Ereig-

nis.".... „Besonders aufschlussreich ist, dass die Parlamente es für wesentlich halten, den Schein rationaler Diskussion zu wahren, auch wenn praktisch niemand innerhalb oder außerhalb der Legislative dem Inhalt der Argumentation Beachtung schenkt."

„Kommunale Kriminalprävention" ist Stichwort neuerer regionaler kriminalpolitischer Ansätze. Über ein Beispiel aus einem Nachbarland berichtete vor geraumer Zeit die FR mit dem Titel: *„Straßenstrich für Radfahrer mit Vollzugsort"*:

> „Die niederländische Stadt Groningen hat einen Straßenstrich für Fahrradfahrer eröffnet. `Wir sind in den Niederlanden die Fahrradstadt Nummer eins´, sagte Stadtsprecherin *Ingrid Knijenburg* am Dienstag. `Es ist unser Ziel, dass die Bürger das Auto so oft wie möglich stehen lassen. Deswegen müssen wir eine besonders gute Infrastruktur für Radler schaffen.´ Dies gelte für alle Lebensbereiche. Auf Anregung der Grünen im Groninger Stadtrat baute das Amt für Raumplanung deshalb in fünf Kilometer Entfernung vom Zentrum zwei sogenannte `Vollzugsorte´. Sie sehen so ähnlich aus wie überdachte Umkleidekabinen. An den Seiten sind sie offen, so dass der Freier mit seinem Rad hineinfahren kann. Wenn unten Füße und Reifen zu sehen sind, weiß man, dass die Plätze gerade besetzt sind. Der niederländische Radlerverband bezeichnete die Einrichtung als vorbildlich."

Die zum Schießen

Bundesinnenminister *Friedrich Zimmermann* hatte 1988 Politikern und hohen Beamten empfohlen, es ihm gleichzutun:

> „Ich bin ein Mann von Law and Order und darauf bin ich stolz...Ich bin auch ganz gut im Schießen. Das ist sicher ein gewisser Schutz, wenn ein Attentäter mit einem Risiko für sich selbst rechnen muss."

Konservative Innenpolitiker von Schrot und Korn forderten damals, das Waffenrecht zu lockern. Jeder *„Unbescholtene"* solle einen Waffenschein erwerben können. Es dürfe keine Waffenungleichheit zwischen kriminellen und gesetzestreuen Bürgern herrschen. Ein Journalist forderte gar, alle Schüler mit Schusswaffen auszustatten, um Waffengleichheit zu schaffen.

Das alles wurde und wird gegenwärtig wieder in den USA ad absurdum geführt. Die *National Rifle Association* als größte Bürgerorganisation unterstützte republikanische Präsidenten und Gouverneure in Wahlkämpfen kräftig, wenn sie versprachen, das liberale Waffenrecht nicht anzutasten. Waffen selbst seien ja nicht das Übel, es sei der Mensch, der töte. Die verquere Logik der Waffen-Lobby führt in einen Teufelskreis: Nach dem

Amok-Massaker von *Aurora* 2012 behauptete ein Sprecher jener Organisation, das Verbot, Waffen zu tragen, habe verhindert, dass sich Besucher des Kinos mit eigenen Waffen hätten verteidigen und retten können. Folgerichtig kam es zum Ansturm auf Waffengeschäfte. Der Umsatz boomte. Sogar Universitäten hoben das Waffenverbot für Studierende auf. Solch gefährlich-naive Politik schürt Waffenbesitz. Was man verschweigt: Waffen im Privatbesitz werden ganz überwiegend fehlsam eingesetzt: in Verkennung einer Situation, zum Selbstmord, als Spielzeug von Kindern, aus Angst, alkoholisch enthemmt, im Amoklauf. Je mehr Waffen verfügbar, umso größer die Zahl der Tötungsdelikte. Manch Ehekrach kulminiert im tödlichen Knalleffekt, wo sonst vielleicht nur mit Geschirr geworfen worden wäre. Der biblische Kain nahm das nächst liegende Ackerwerkzeug, der moderne Kain greift zum Colt oder zur Remington.

Quod erat demonstrandum: 1976 besuchte der Leiter des Hamburger Strafvollzugsamtes, Senatsdirektor *P.*, angetrunken eine Oben-ohne-Bar. Als er die stattliche Rechnung bezahlen sollte, richtete er seinen dienstlichen Revolver ganz privat gegen den Kellner, drückte ab, doch die Waffe versagte. Nochmal. Wieder Ladehemmung. Dann wurde *P.* überwältigt. Ausnahmsweise hatte der unkundige Waffenumgang eine Tötung verhindert und *P.* vor schwerer Strafe bewahrt. Das Ganze wurde als „Rauschtat" mit einer Bewährungsstrafe abgetan.

Und die Korrupten

Bemerkenswertes zu investigativem Journalismus und für kriminelles, weil korruptes Politiker-Verhalten kommt zusammen in einer aktuellen Geschichte um Parlamentarier beider großen Parteien Großbritanniens – die einstige *Profumo*-Affäre lässt grüßen:

Reporter von „Daily Telegraph" und „Chanel 4" klopften als vorgebliche PR-Agenten eines chinesischen Unternehmens bei zwei ehemaligen Ministern und jetzigen Abgeordneten – *Malcom Rifkind,* Vorsitzenden des Geheimdienstausschusses, und *Jack Straw* – wegen möglicher, selbstredend hoch dotierter nebenamtlicher Zuarbeit für ihre Auftraggeber an. Andere so Angesprochene hatten den falschen Chinesen keinen Termin gewährt. Die Beiden jedoch witterten neue lukrative Chancen und brüsteten sich – heimlich gefilmt und so öffentlichem Gespött später preisgegeben – mit bisherigen Lobby-Diensten. *Straw* wollte seinen Namen für täglich 6.800 Euro einbringen. *Rifkind* behauptete, jährlich 80.000 Euro von einem Unternehmen zu erhalten, zu dessen Gunsten er vormals auf eine Änderung des EU-Rechts hingewirkt habe. Die Sache flog auf, damit wohl auch die politische Karriere jedenfalls dieser Politiker.

10. Von diebischen Elstern und genialen Fälschern

Diebe gibt es zu allen Zeiten, an allen Orten, in allen Alters- und Berufsgruppen. Sogar geistliche Langfinger fallen immer wieder auf:

- Ein *„Kuratorium zur Bekämpfung der Wohlstandskriminalität"* berichtete, unter Ladendieben finde man die *„die gesamte Wohlstandsschickeria"*, den Professor ebenso wie hohe Regierungsbeamte und Geistliche. In einem Jahr seien allein in einem Münchener Kaufhaus 117 Nonnen auf frischer Tat ertappt worden.
- Lange musste man fahnden, bis man den Seriendieb erwischte, der aus zahlreichen Kirchen in Dörfern Bayerns und Tirols wertvolle Altäre und Heiligenfiguren entwendet hatte. Die Vermutung, eine auf Antiquitäten spezialisierte Diebesbande sei mit Auftragstätern am Werk, hatte getäuscht: Hochwürden beklaute Gott, ganz allein, ohne Ministranten.
- Auf 17.000 Bücher im Wert von einer halben Million brachte es ein diebischer Göttinger Theologiestudent innerhalb von fünf Jahren – durchschnittlich 14 Bücher gingen der theologischen Hochschulbibliothek so an jedem Werktag verloren.
- *„Pfarrers Kinder, Müllers Vieh geraten selten oder nie."* Gerhard Mauz erzählte folgende Geschichte des Schweizer Kinderpsychologen Hans Zulliger:

> „Zu ihm kam einmal in die Praxis ein Pfarrerehepaar, und das hatte einen Jungen namens Marcello. Der Junge klaute... Wenn das Kind eines Pfarrers klaut und das noch auf dem Dorfe, kommt es einer Naturkatastrophe gleich. Er begann, dieses Kind zu behandeln, so wie man das in der Kindertherapie tut. Er unterhielt sich mit ihm, spielte mit ihm, er machte Spaziergänge mit ihm und tastete sich so langsam an die Verknotung heran, die es in der jungen Existenz dieses Kindes gab. Eines Tages...erschienen die Eltern ganz aufgeregt und erklärten: ´Wir sollten ihn aus der Behandlung nehmen. Es hat alles nichts genützt, er stiehlt wieder´... *Zulliger* erfuhr, dass die Eltern in der ganzen Wohnung Süßigkeiten und Kleingeld ausgelegt hatten. Da ein Häufchen, dort ein Häufchen und hier ein Häufchen, um es mal zu probieren, und, oh Wunder, der Junge hatte tatsächlich von diesen Gelegenheiten Gebrauch gemacht... Es kam folgendes heraus: Die Ehe war dadurch zustande gekommen, dass ein Kind unterwegs war, und ein Schweizer Pfarramtskandidat hatte da in einer solchen Situation selbstverständlich zu heiraten. Die Ehe war nie eine

Ehe gewesen, die Ehe war wie bei dem schwedischen Schriftsteller *Strindberg* gewesen, eine Hölle. Man hatte sich bekämpft, man hatte sich verprügelt, man konnte nicht miteinander leben, aber scheiden lassen konnte man sich ja auch nicht, denn ein Pfarrer lässt sich nicht scheiden; und da hatte man nun eine perfekte Lösung gefunden. Man hatte ein Kind und dieses Kind musste schon schwierig sein, dieses Kind musste stehlen…nun hatte man immerhin etwas, was man, so zerstritten man miteinander war, doch miteinander tragen konnte: das Kreuz des diebischen Marcello… Dieses Kind durfte gar nicht erfolgreich von *Hans Zulliger* von seinem Handeln und Stehlen befreit werden…"

Nicht nur Geistliche, sogar Gut-Betuchte findet man unter Seriendieben. Der Psychiater *Willi Schumacher* schilderte dem *Verfasser* einen Geschäftsmann, den er zu begutachten hatte. Der litt unter einer Art Märklin-Eisenbahn-Klau-Zwang. Erwischt bei dem Diebstahl eines solchen Spielzeugs – *„In jedem Manne steckt ein Kind"* – fand man bei der Durchsuchung seiner Villa einen Kellerraum voll systematisch geordneter Spieleisenbahnen, unbenutzt und noch in Originalverpackungen.

Umgekehrt lässt sich das Sprichwort *„Not kennt kein Gebot"* belegen:

– Der populäre Kölner *Kardinal Frings* mahnte seine *„lieben Kölner Erzdiözesanen"* in einer denkwürdigen Predigt nach dem 2. Weltkrieg, klauende und raubende Kinder nicht vorschnell zu verdammen. Was blieb ihnen denn in Not und Ausweglosigkeit? Seither sprach man nachsichtig vom *„Fringsen"*.
– Manche Ältere erinnern das noch, was auch der *Verfasser* in seiner Kindheit erlebte. Als kein Feuerholz mehr da war, nutzten die älteren Brüder das Haltesignal an der Eisenbahnlinie vor dem Bahnhof Prien. Sie kletterten auf den mit Briketts beladenen Güterzug und warfen Stück für Stück über den Zaun. Dem Jüngsten oblag es, die Briketts zu bergen. Das endete jäh, als Bahnbegleitpersonal Warnschüsse gab.
– Dass solch Kohlenklau tödlich enden konnte, dokumentierte *Kurt Marek* – alias *Ceram*. Er schrieb über die Erschießung jugendlicher Kohlediebe im Hamburger Hafen durch britische Militärpolizei. Der englische Berater des Journals, *Colonel Garland,* ließ den Artikel nicht drucken, veranlasste aber, dass Militärpolizei sich künftig zurückhielt.

Es muss ja nicht immer eine *Stradivari* sein, wenn sich Musikliebhaber diebisch in Instrumente verlieben:

– Ein Wintermärchen: Es war einmal ein Zigeuner. Er lebte an der Fulda und spielte jeden Tag inbrünstig auf seiner wunderschön klingenden *Guarneri*. In ärmlicher Behausung mitten im Winter starb er. Die Sippe erfüllte seinen Wunsch. In den schlichten Holzsarg legten sie ihm seine Geige. Doch bald nach der Beerdigung wurde man einer Grabschändung gewahr. Der Sarg war aufgebrochen, die *Guarneri* verschwunden.

– *Gregor Piatigorski* erzählt in seiner Autobiografie, er habe sein wertvolles *Guarneri*-Cello in jungen Jahren auf wundersame Weise erworben, nämlich von den 9000 Rubel, die ihm ein großzügiger Gönner nach beeindruckendem Vorspiel mit den Worten gegeben habe *„Kaufen Sie sich ein besseres Cello!"* Dann sei er in Not geraten. Die Wirtin habe ihr Geld verlangt und sein Cello einbehalten.

> „Ich bat sie, mich an einen Ort zu begleiten, wo ich mein *Guarneri-Instrument* verkaufen konnte. Ein bekannter Geigenbauer sagte nach einem schnellen Blick auf mein Cello: `Ich frage mich, wer andauernd neue Schildchen in dieses Fabrikprodukt hineinklebt. Das letzte Mal sah ich es, als ein Bursche namens Jakov es zu mir brachte. Damals war es ein *Stradivari*. Vorher ein *Guadagnini* und jetzt ist es ein *Guarneri*... Dieses *Guarneri*-Cello ist ein verdammter Schwindel. Es zirkuliert schon seit langer Zeit in der Stadt herum. Es ist wertlos, mein Junge...´´Er ist ein Schwindler´, kreischte die Wirtin und schüttelte die Faust gegen mich."

– Was in Italien *Armati, Guarneri, Guadagnini,* ist in Deutschland die Familie *Klotz* in Mittenwald. *Hans-Heiner Kühne,* Kriminologen-Kollege in Trier, war auf ähnlich großzügige Weise wie *Piatigorski* durch eine alte Mäzenin zu einer – echten – *Matthias Klotz* gekommen nach seinem zu Herzen gehenden Geigensolo in der Kirche. Jahre danach gab er im neu bezogenen Haus ein Konzert vor auserwählten Gästen. Wochen später bemerkte er Spuren eines Einbruchs. Alles war durchwühlt. Es fehlte kein Geld, kein Schmuck, kein Bild, kein Teppich, keines der anderen Musikinstrumente, nur die *Klotz* mit wertvollem Bogen. Den Dieb vermutete er unter seinen Gästen. Fahndungen auf internationalen Auktionen blieben erfolglos. Offenbar jemand, der sich in dies Instrument bei dem Gastmahl verliebt hatte und es in niemand anderes Besitz wissen wollte.

Ein uraltes Gewerbe bildet die Fälscherkunst. Die bringt immer wieder Genies hervor:

– So wird über Erkenntnisse im Buch des Historikers *Anthony Grafton „Fälscher und Kritiker"* berichtet:

> „Nirgendwo, nächst den Zahlungsmitteln, ist die Versuchung zu fälschen größer als in der Geschichtswissenschaft. Zum einen ist die Lust an der

Fiktion der Urgrund allen Schreibens, zum anderen keimt im mühseligen Geschäft des Foliantenwälzens bei manchem die Lust, sich die erwünschten Quellen selbst herzustellen. Die Motive können vielfältig sein: Der Tübinger Pietist *Christoph Matthäus Fach* sündigte aus Frömmigkeit und unterschob dem Kirchenvater *Irenäus* versöhnliche Traktätchen. Der Habsburger Historiograph *Wolfgang Lazius* fehlte aus Machtgier, als er seinem Brotherrn eine Abkunft von Israeliten zuschrieb, die sich unmittelbar nach der Sintflut im Wiener Vorort Gumpendorf niedergelassen haben sollten."

– Im Mittelalter wird sogar eine Massenepidemie der Fälscherei geortet. Am bekanntesten ist die Fälschung der *„Konstantinischen Schenkung"*. Römische Geistliche sollen im 8. Jahrhundert die *Konstantin I.,* dem Großen, zugeschriebene Urkunde erstellt haben. Sie diente in jener Zeit als Beweis für die Festlegung des Primats der römischen Kirche und ihrer Herrschaftsräume. Zweifel an der Echtheit äußerten *Otto III.,* die Waldenser und Hussiten. Erst *Nikolaus von Kues* entlarvte die Urkunde im 15. Jahrhundert als Fälschung.

– Ein begabter Kunstfälscher unserer Tage war *Lothar Malskat.* Mitte des 20. Jahrhunderts wurden seine fachkundigen Restaurationen der hoch im Mittelschiff von Lübecks Marienkirche angebrachten Fresken gerühmt. Millionen Postkarten und Briefmarken zierte seine meisterliche Darstellung des Engels der Verkündigung. Selbst Experten erkannten nicht, dass es sich keineswegs um Restaurationen, vielmehr Nach- oder Neuschöpfungen im gotischen Stil handelte. Erst ein aufmerksamer Laie entdeckte auf einem Fresko die Darstellung eines Tieres, das im Hochmittelalter noch gar nicht bekannt war. Beweis für ein neues Werk. Im Streit mit seinem Auftraggeber *Fey* erstattete *Malskat* Strafanzeige, zugleich Selbstanzeige. Er büßte dafür in lübischer Haft. Doch verhalf ihm die der alten Kunst kongeniale Art zu restaurieren zu Ruhm als begehrtester „Restaurator" alter skandinavischer Kirchen und als stark beachteter Aquarellist im Stile *Noldes.*

11. Von Anzüglichem und Nacktem

Hildegard Knef läutete das Zeitalter öffentlicher Nacktheit in der deutschen Nachkriegsgeschichte ein. Auch Justitia verlor ihre Keuschheit. 1950 legte die *Knef* als erste in dem Film *„Die Sünderin"* alles ab. Da dachte so mancher noch in strafrechtlichen Kategorien von „Beleidigung" und „Erregung öffentlichen Ärgernisses". Doch musste irgendwer immer aktenkundig „Ärgernis nehmen", um den Stein der Verfolgung ins Rollen zu bringen. So machte sich ein katholischer Hirte mit 15 männlichen Schäflein auf ins Düsseldorfer Gloria-Lichtspieltheater. Er ließ Ärgernis nehmen und Stinkbomben zünden, um Besucher vor sündigen Anblicken zu bewahren. Ob solcher „Nothilfe" verurteilt wegen Nötigung und groben Unfugs musste er sich schließlich vom Bundesgerichtshof bescheinigen lassen, dass Zuschauer Manns oder Frau genug seien, sich selbst zu schützen, wenn sie es denn wollten.

Sexuelle Enttabuisierung schritt voran. Eifrige Staatsanwälte beschlagnahmten Mitte der 1960er Jahre in Berlin und Hamburg auf – für Hanseaten geradezu exzentrischen – Faschingsbällen wie dem Fest *„Lilale"* der Kunsthochschule am Lerchenfeld allzu Nacktes in der Dekoration als „Pornografie". Aber der kunstsinnige Generalstaatsanwalt *Ernst Buchholz* brachte das Strafverfahren zu Fall.

Auch im sittenstrengen realen Sozialismus der DDR taten sich Widersprüche zwischen Sexual-Doktrin und wahrem Leben auf. Pornografieerwerb war strafbar. Später erfuhr man, *Alexander Schalck-Golodkowski* habe dem Staatsratsvorsitzenden *Erich Honecker* Softpornos aus dem Westen besorgt.

Emanzipatorisches Gedankengut entwickelt sich weiter. Überkommene sittliche Vorstellungen und Bräuche werden überdacht. Selbst die Form des Wasserlassens wird neuestens Gegenstand gerichtlicher Auseinandersetzung. So berichtet die FAZ von einem Rechtsstreit Anfang 2015 vor dem Düsseldorfer Amtsgericht; ein Vermieter forderte von seinem Mieter Schadensersatz wegen Beschädigung des Fußbodens im WC:

> „In die noch zu schreibende Geschichte der Mann-Frau-Beziehung unter besonderer Berücksichtigung des Stehpinkelns zu Beginn des 21. Jahrhunderts dürfte folgender Satz aus dem Urteil von Richter *Hank* eingehen: ʾTrotz der in diesem Zusammenhang zunehmenden Domestizierung des Mannes ist das

Urinieren im Stehen durchaus noch weit verbreitet. Jemand, der diesen früher herrschenden Brauch noch ausübt, muss zwar regelmäßig mit bisweilen erheblichen Auseinandersetzungen mit – insbesondere weiblichen – Mitbewohnern, nicht aber mit einer Verätzung des im Badezimmer oder Gäste-WC verlegten Marmorbodens rechnen´."

Spanne(r)ndes rund um den Hamburger Michel

Nahe der Hamburger Hauptkirche St. Michaelis umgibt ein Park das *Bismarck*-Denkmal. Um 1960 pflegten abends „Spanner" in den Bäumen zu sitzen, um Blicke auf Mädchen in der angrenzenden Jugendherberge „Am Stintfang" zu erhaschen, wenn diese sich in den Zimmern bettfertig machten. Liebespaare unter den Bäumen fühlten sich gelegentlich unliebsam gestört, wenn sie Geräusche dunkler Gestalten in den Baumkronen wahrnahmen.

Über „Spanner" hatte übrigens schon das Reichsgericht in den 1930er Jahren zu befinden:

„Der Angeklagte, ein vielfach vorbestrafter Sittlichkeitsverbrecher, hat sich mehrfach in einem Frauenabteil einer öffentlichen Bedürfnisanstalt eingeschlossen und durch ein Loch in der Wand des angrenzenden Frauenabteils der Entblößung der sich dorthin zurückziehenden Frauen zugeschaut, um seine Geschlechtslust zu erregen. Als zwei dieser Frauen später von der aufdringlichen Beobachtung durch den Angeklagten erfuhren, fühlten sie sich `in ihrem sittlichen Gefühl in geschlechtlicher Beziehung´ gröblich verletzt."

Obwohl es kein *„öffentliches"* Erregen eines Ärgernisses war, hielt das Gericht *„nach gesundem Volksempfinden eine empfindliche Strafe"* für nötig.

Schicksalsschweres wusste der berühmte Hamburger Theologe *Helmut Thielicke* den Teilnehmern eines Seminars, darunter dem *Verfasser,* zu erzählen. Es ging um die Toilettenfrau der öffentlichen Bedürfnisanstalt am Millerntor nahe dem zuvor genannten Park. Sein Freund *Bettin* – wie *Thielicke* Prediger im Michel – erhielt eines Tages ihren Notruf. Er möge sich bei Behörden für sie einsetzen; die baufällige Toilette solle ersatzlos abgerissen, ihre Existenz vernichtet werden. *Bettins* Eingabe hatte Erfolg. Eine neue Anstalt wurde errichtet. Postkarte an *Bettin: „Lieber Herr Pfarrer, ich lade Sie herzlich zur Geschäftseröffnung ein."* Das Zeremoniell ließ den Pfarrer an St. Michaelis die symbolische erste Toilettenspülung auslösen.

Im Gängeviertel unter dem Michel befand sich bis 1959 eine der drei Hamburger Bordellstraßen, die Ulricusstraße, eine der wenigen trotz Bombardierung der Stadt erhaltenen Fachwerkgassen. Als sie schon teilweise zugunsten eines plump-pompösen Verwaltungsbaus abgerissen war, besuchte der *Verfasser* bei einer rechtsmedizinischen Exkursion studienhalber das dort führende Bordell. Die Wirtin erzählte ihre schicksalsträchtige Geschichte. Vor dem letzten Weltkrieg habe sie das teuerste Freudenhaus im „Kalkhof" hinter der Staatsoper geführt. Sogar der dänische Kronprinz sei dort incognito abgestiegen. Die Kriegszerstörung habe sie um alles gebracht. Ganz unten wieder anfangend habe sie später dieses Etablissement in der Ulricusstraße aufgebaut. Und nun werde sie wieder ihrer Existenz beraubt – ohne Schadensersatz, ohne Versicherungsschutz.

Mit Hamburgs Parks hatte es so seine Bewandtnis. Dem *Verfasser* war als Student dies widerfahren: Im Elbpark „Rosengarten" fühlte er sich beim abendlichen Spaziergang irgendwie verfolgt. Mehrmals wechselte er die Wegerichtung. Immer wieder war jemand hinter ihm her. Ängstlich geworden bog er auf einen steil aufsteigenden Treppenweg zu einer Villa. Erneut verfolgt drehte er sich um, nunmehr in einer besseren Position zur Gegenwehr bei dem erwarteten Überfall. Der Verfolger schritt langsam an ihm vorbei und meinte, er solle doch nicht so schreckhaft sein. – In der Strafrechtsbibliothek fand er später eine kriminologische Dissertation „*Das Stricherwesen in Hamburger Parks*". Darin fand sich die Erklärung: Seit die öffentlichen Toiletten nahe diesen Parks beleuchtet waren, dienten die Parkwege als Begegnungs- und Anbahnungsorte.

A propos kriminologische Dissertationen: In deren Sammlung stieß der *Verfasser* auf diese Arbeit damaliger Machart:

> Titelseite: „Der Inzest. Kriminologische Untersuchung anhand von 250 Akten des Landgerichtsbezirks I...." Nächste Seite: „Meinen Eltern".

Ledermänner, Literaten, Luden

Paul Sartre ehrte *Jean Genet* als „Heiligen" – „*Saint Genet*". *Genets* Vita wies gröbste Gewalttätigkeiten ebenso auf wie in und nach seiner Haft entstandene Literatur von Format. In dieser verherrlicht er den als Außenseiter abgestempelten Kriminellen, den Zuhälter, die Prostituierte, die sexuelle Perversion. Eigene Erfahrungen im Nachtlebenmilieu und Knast, aber auch des Ausgestoßenseins in früher Kindheit werden in literarische

Formen und Figuren projiziert. *Sartre* gegenüber gestand er, sich nicht als Sohn seiner Mutter, sondern als ihr Exkrement gefühlt zu haben.

Hans Eppendorfer schildert *Hubert Fichte* gegenüber in dem autobiografischen Interview seinen Weg zum Mord an einer Frau, in der er stellvertretend die Mutter aus seinem Leben räumt, ferner seine 10-jährige Jugendstrafe und den anschließenden Weg in die Leder-Szene New Yorks, Londons und Hamburg-St. Paulis. Da gibt es Exzesse von homoerotischen Sadisten, *„die einige Leute von uns draußen an den kalifornischen Strand schleppen, fürchterlich malträtieren, mit Zigarettenkippen, mit Rasierklingen, und die sie dann im Endeffekt mit angespitzten Pfählen in den After töten."* In Lederclubs, Lederbars und bei Ledertreffs seien *„einigen Leuten mit Rasiermessern die Schwänze abgeschnitten worden". „Ich habe Exzessen beigewohnt..., wo jemand mit der Faust so gebumst worden ist, dass er ohnmächtig zusammenbrach."*

Nota bene: Einer der gemäßigteren Lederclubs residierte in St. Paulis „Großer Freiheit". Jene wohl bekannteste Erotikmeile wird heutzutage mit sexueller Freizügigkeit identifiziert. Historisch indes meinte sie die religiöse Freiheit. Hamburgs Lutheraner hatten nämlich alle anderen Glaubensgemeinschaften aus der Stadt verbannt. In der stadtnächsten Straße in Altona siedelten sich kleine Kirchen verschiedener Glaubensrichtungen an, heute noch hinter Flimmer-Fassaden stellenweise erkennbar.

Weitaus derber als bei *Genet* nimmt sich die literarische Verarbeitung eigener sexueller Missetaten im Bestseller *„Der Minus-Mann"* von *Heinz Sobota* aus, wiederum im Knast verfasst, heute in 37. Auflage auf dem Büchermarkt. Da erfährt man, wie etwa Mädchen von Zuhältern gewaltsam zur Prostitution abgerichtet und in der Szene nach Marktpreisen gehandelt werden. Die Katze kann das Mausen nicht lassen: Der Autor glitt – wiewohl nach der Haftentlassung zu einigem Ruhm und Vermögen gelangt – wieder in Gewaltdelikte ab.

Was „Große" wie *Sobota* vormachen, weckt Visionen Kleiner. In der Jugendstrafanstalt sprach der *Verfasser* vertraulich mit einem Gefangenen. Welche Einsicht: Er wolle sich ändern. Nach der Entlassung werde er es jetzt ganz anders machen. Aber wie? Langes Zögern. Dann Preisgabe seines „Resozialisierungskonzepts": Andere sollen für ihn arbeiten, *„anschaffen gehen"*, und er konzentriert sich auf Kontrolle, Abkassieren, süßes Leben.

Treffend-metaphorisch wurde übrigens dieses „Vorbild" des „Louis" oder „Luden" durch den Strafrechtler *Karl Binding* – Vater des Dichters

Rudolf Binding – definiert: Der Zuhälter sei *„Schmarotzer am Baume gewerblicher Unzucht".*

Makaber-Sexuelles geschieht im Werk und Leben manch anerkannten Künstlers oder Filmemachers. Bekanntester ist wohl *Roman Polanski, „altgedientes Enfant-terrible der Filmwelt".* Was er in *„Rosemarie's Baby"* 1967 als Autor und Regisseur vorgedacht, an Obsessionen bildhaft umgesetzt hatte, verwirklichte sich 1969 in den Ritualmorden der *„Manson-Family"* in *Polanskis* Wohnung von Beverly Hills. Eines der sieben Opfer des kultisch-satanischen Gemetzels war *Polanskis* hochschwangere Geliebte, die Schauspielerin *Sharon Tate.* Er selbst musste sich später in den USA wegen sexueller Vergehen an Mädchen verantworten. 2015 wurde erneut seine Auslieferung verlangt.

Geistliches und Fleischliches

Jene *„Causa Groer"* – weiland Wiener Kardinal-Erzbischof, zuvor *Pater Hermann* im Benediktinerkloster Göttweig – hat Österreichs Katholiken nachhaltig erschüttert. Jahrelang musste man auf das Eingeständnis eigener Fehlsamkeit in rebus sexualibus warten. Vor Zeiten hatte sich bereits ein Mönch in seiner Not an den zuständigen St. Pöltener Bischof *Krenn* gewandt, bevor er das Kloster verließ und über die Zustände u.a. berichtete:

> „Der Herr Kardinal hat meine Hand an seinen Penis und seine Hoden geführt." Zynisch habe *Krenn* erwidert: „Dann warst Du es also, der fremde Genitalien in seiner Hand hatte."

Ein Dutzend weiterer Mönche vervollständigte später das Bild des klösterlichen Sodoms. Einer gab an, die sexuellen Übergriffe hätten während der Beichte in *Groers* Zimmer stattgefunden. Ein anderer äußerte, alles, was er über homosexuelle Belästigungen erfahren und durch sie erlitten habe, gehe auf Geistliche, darunter *Groer,* zurück.

Schon immer hatte es die Kirche mit schwarzen Schafen zu tun, zumal der Zölibat erlaubtes Erleben von Sexualität verhinderte. *Umberto Eco* hat das meisterhaft in dem Roman *„Name der Rose"* für eine mittelalterliche Klostergesellschaft dargestellt. Der Kriminologe *Harald Hans Körner* fand in seiner Aktenuntersuchung über sexuelle Kindesmisshandlung nur knapp zwei Prozent Geistliche. Nach Analyse der neun Fälle resümierte er, das Dunkelfeld müsse groß sein, *„denn die Kirchen und Ordensge-*

meinschaften waren... emsig um die Vertuschung der Sexualverfehlung geistlicher Würdenträger bemüht." Über eine andere Studie berichtete er:

> „*Valentini/Di Meglio* haben in einer illegalen und pietätlosen, aber wissenschaftlich nicht zu beanstandenden Untersuchung das Verhalten und die Auskünfte von Geistlichen im Beichtstuhl beim Berichten von Sünden gegen die Keuschheit beobachtet, auf Tonband aufgenommen und beschrieben."

Auch folgender Fall eines 70-jährigen Ordenspriesters, der nach langjähriger beanstandungsfreier Missionstätigkeit in Fernost Alkoholiker geworden, vorzeitig gealtert und nun unter Anklage wegen vieler sexueller Vergehen gegen Jungen und Mädchen gestellt war, findet sich bei *Körner:*

> „U. nutzte bei der Ausübung seines Priesterberufs jede Gelegenheit, Mädchen an die entblößte Brust und das Geschlechtsteil zu fassen und Jungen am Glied zu manipulieren. Er vergriff sich sogar an kranken Kindern im Bett in gleicher Weise wie an Messdienern und Beichtkindern... Die Selbstjustiz des Ordens bewirkte lediglich, dass U. seine verbotenen Sexualkontakte an immer neuen Orten fortsetzte... Anstelle seines Breviers las er *Karl May*, Mickey-Mouse-Hefte oder Illustrierte. Im Beichtstuhl las er beim Warten auf beichtwillige Kirchgänger erotische Hefte oder Kriminalromane."

Sogar im Vatikan soll man auf solche Interessenten pornografischer Schriften und Bilder stoßen. Anfang 2015 ermittelte, wie Vatikansprecher *Lombardi* bekannt gab, die Vatikan-Gendarmerie gegen einen polnischen Erzbischof, bei dem dort über 100.000 Dateien kinderpornografischen Inhalts gefunden worden seien. Man vermutet dahinter ein Netzwerk Pädophiler.

12. Von Mordsmännern und mörderischen Frauen

Vor welcher Mordsperson Sie sich hüten sollten

Mordsgedanken befallen viele hin und wieder. Mordsgeschichten gehen uns durch den Kopf. Wo die Konflikte am größten sind – in engen, familiären Beziehungen – gibt es dazu oft genug Anlässe. Zwei Frauen beschreiben das anschaulich:

– *Dorothee Middendorff,* Gattin eines Kriminologen:

> „Kommt mein Mann mit Blumen oder einer ganz unerwarteten Überraschung nach Hause..., dann denke ich schnell und ironisch und manchmal in Scham an...Professor von *Hentigs*...Aufsatz ´Pre-Murderous-Kindness and Post-Murderous-Greeg´".

– Eine Reporterin der FR:

> „Heute feierten sie ihre Goldene, und die Nachbarn kamen, um zu gratulieren, und die Jubelbraut sagte: ´Es war net immer leicht...´, und der Herr Wenzel aus dem dritten Stock sagte: ´Awwer Ihr habt dorschgehalte!´, und das weißhaarige Fräulein Engelbrecht fragte: ´Haben Sie nie an Scheidung gedacht in all den Jahren?´, und die Jubelbraut sagte: ´Naa! An Scheidung nie! Dadefier öfters an Mord!´"

Manche Familien scheinen von Mord heimgesucht wie einst *Hiob*:

– Die Geschichte des japanischen Malers *Hirasawa* wird von der FAZ geschildert: Er

> „hatte nach und nach seine Frau und die vielen Kinder verloren. Mitleid und Hilfsbereitschaft wurden dem schwer vom Schicksal Geprüften zuteil. Aber dann kam es heraus. Als 63-Jähriger wurde er wegen Serienmordes zum Tode verurteilt. 32 Jahre bis zu seinem natürlichen Tod im 96. Lebensjahr 1987 verbrachte er in der Todeszelle des japanischen Gefängnisses, bis zuletzt im Ungewissen, ob nicht eines frühen Morgens die Tür aufginge, damit er zur Vollstreckung abgeholt würde. Kein Justizminister hatte es gewagt, die Vollstreckung bei diesem Greis anzuordnen."

– *Hans von Hentig* berichtete über den Buchbindermeister *Wittmann,* der 1965 von Wollin nach Posen übersiedelte:

> „Er klagte oft, dass ihn in Wollin das Missgeschick verfolgt habe. Dort waren ihm drei Frauen und ein Kind gestorben. Mit ihm kam diesmal seine vierte Frau. Nach kurzer Zeit verstarb auch sie. Im Totenschein stand

Cholera; die Obduktion ergab Arsenvergiftung. Jetzt kamen auch die alten Morde, fünf im Ganzen, an den Tag."

Im familiär-mörderischen Arrangement fallen gelegentlich Haustieren merkwürdige Rollen zu:

– Ein Zeitungsbericht:

> „Mit den Worten `Du muaßt ned ois fressen´ hat eine 85-Jährige ein Kotelett vom Teller ihres Sohnes gerissen und das Fleisch dem Hund vorgeworfen. Daraufhin griff der 49-Jährige zu einer Waffe und erschoss seine Mutter: `I wollt sie nur ins Bett scheuchen, da is mir der Schuss ausgekommen´, sagte der Angeklagte vor dem Schwurgericht."

– Aus einer anderen Zeitung:

> „Eine naschhafte Katze in Teramo an der Adria-Küste hat fünf Menschen das Leben gerettet. Wie die Behörden…berichteten, hatte das Tier in einem unbewachten Moment in der Küche eines Hauses von der Spaghetti-Sauce gekostet und war einige Minuten später qualvoll verendet. Die Polizei fand eine auch für Menschen tödliche Dosis von Mäusegift im Essen, das für den Hausherrn, seine Frau und seine Mutter sowie für seine beiden Kinder bestimmt gewesen war. Wie sich…herausstellte, hatte der 68 Jahre alte Ehemann der Mutter aus Rache das Essen vergiftet."

„Arsen und Spitzenhäubchen" nannte sich die englische Kriminal-Komödie, in der ältliche Damen vermögende alleinstehende Herren unter ihre besondere Obhut nahmen, um ihnen schmackhafte, durch Zufügung von Arsen tödliche Kost zu bieten und sich der Hinterlassenschaften zu erfreuen. Im Fiktiven und Realen bedient man sich gern solcher Zutat.

Noch anekdotisch klingt eine mediterrane Geschichte:

> „Ein Bauer in Korsika liegt schwerkrank darnieder. `Liebling´, flüstert er zu seiner Frau, `ich glaube, mein Ende ist nahe, ich möchte mein Gewissen erleichtern. Vorgestern, als ich Dir erzählte, ich müsste auf den Markt, um Pferde zu kaufen, bin ich zu meiner…´ `Ich weiß, ich weiß´, unterbricht ihn seine Frau. `Sonst hätte ich Dich nicht vergiftet.´"

Nun zu realen Geschichten solcher Essenszubereitung. Bereits im 17. Jahrhundert richtete *Ludwig XIV* eine spezielle Gerichtskammer zur Verurteilung von Giftmördern ein; von dieser *„Chambre Ardent"* wurde die *Marquise de Brinvilliers* als eine der größten Giftmischerinnen in Paris zum Tode verurteilt; unter ihren Opfern waren Vater und Brüder.

Im 19. Jahrhundert brachte es Frau *Gesche Gottfried* zu trauriger Berühmtheit mittels Arsens: Vor dem Bremer Rathaus wurde sie 1831 hingerichtet. An der Stelle ist ein Stein eingelassen, auf den Bürger spucken dürfen. Dutzende Morde oder Mordversuche waren ihr angelastet worden.

Zu ihren Opfern gehörten ihre Eltern, Kinder und Ehemänner. Ihr Richter hat sie charakterisiert:

> „Ein Weib, das Kranke pflegt, Arme speist, dem Geben und Schenken zum Bedürfnis geworden und die doch ihre Freundinnen vergiftet, die über einen Vers von *Goethe* weint und ihre Kinder ermordet, ein Weib, das einer Liebe fähig ist in solchem Maße, dass sie ihr das Leben der nächsten Angehörigen zum Opfer bringt und die dann ebendiesem Gegenstande der Liebe die Giftschale reicht und an seinem Sterbelager mit Tränen sich das Haar zerrauft... Wer kann es wagen, ihren Charakter zu schildern?"

Bei Arsen nur an Giftmischerinnen zu denken, wäre ungerecht, zeigt doch schon hundert Jahre später die Geschichte eines amerikanischen Strafverteidigers, dass sich auch Mordsmänner statt körperlicher Kraft oder Revolver gelegentlich des Gifts bedienen. Der Chronist hielt fest:

> „Wie dieser Mann vom Fotografieren Zyankali kannte, so pflegte Anwalt Armstrong Unkraut mit Arsenik zu bekämpfen. Er hatte eine Frau von schwierigem Charakter, die ihn, das winzige Männchen, unterdrückte. Sie lebte in dem Wahn, man wolle sie vergiften und starb 1921 an Gift, das ihr der Mann verabreicht hatte. Als Todesursache wurden Herzkrankheit, Nephritis und Gastritis angegeben. Nicht eine Spur von Argwohn fiel auf den Juristen. Noch im Oktober 1921 lud er einen anderen Anwalt ein, der ihm geschäftlich viel zu schaffen machte. Der Gast erkrankte äußerst heftig. Im Auswurf wurde Gift gefunden. Als man die Frau jetzt ausgrub, stieß die Untersuchung auf Arsenik. Der erste Mord, der zweite Mordversuch – ... so hatte der Erfolg geblendet. Es war, als hätte er den Kopf verloren. Er wurde rasch verurteilt und ohne Aufschub hingerichtet."

Im ausgehenden 19. Jahrhundert wurde eine regionale Praxis ruchbar, wie man sich ausgedienter Dienstboten bei Bergbauern der Steiermark entledigte. Wollte man für sie im Altenteil nicht mehr aufkommen, wurde ihnen noch einmal ihre Leibspeise aufgetragen, etwa der Gugelhupf – angereichert mit einer Prise Arsenik. Man nannte das *„Abfüttern"*.

Selbst die Geistlichkeit ist nicht erhaben über Mordstaten in ihrer Nähe. Ein katholisches und ein evangelisches Beispiel aus dem Jahr 1998:

– Mitten im Bezirk, der staatlicher Strafverfolgung enthoben ist, im Vatikan, wurden der soeben vom Papst zum Kommandanten der berühmten Schweizergarde erhobene *Alois Estermann* und seine Frau von einem Unteroffizier der Garde niedergestreckt. Dann erschoss sich der Täter.
– Vom Landgericht Braunschweig wurde in einem aufsehenerregenden Indizienprozess Pastor *Klaus Geyer* aus einem Dorf bei Königslutter wegen Totschlags an seiner Frau verurteilt. Medien sprachen vom ersten Mordprozess gegen einen Geistlichen hierzulande. Weshalb die

„taz" fragte: *„Wie weit ist es bloß gekommen, wenn schon ein Pfarrer so ist (wie wir alle)?"*

Mönch Uliko und die Sirianer

Immer wieder schreibt das Leben phantasievolle Krimis. Ein derartiger Fall versuchten Mordes sei wiedergegeben in der nüchternen Schilderung unseres Bundesgerichtshofs. Er hatte tiefschürfende strafrechtliche Diskussionen ausgelöst.

„1974 lernte der Angeklagte in einer Diskothek die 1951 geborene Zeugin T. kennen, die `damals noch eine unselbständige und komplexbeladene junge Frau´ war… Im Laufe der Zeit wurde der Angekl. zum Lehrer und Berater der Zeugin in allen Lebensfragen. Er war für sie immer da. Sie vertraute und glaubte ihm blindlings.

Im Verlaufe ihrer zahlreichen philosophischen Gespräche ließ der Angekl. die Zeugin wissen, er sei ein Bewohner des Sterns Sirius. Die Sirianer seien eine Rasse, die philosophisch auf einer weit höheren Stufe stehen als die Menschen. Er sei mit dem Auftrag auf die Erde gesandt worden, dafür zu sorgen, dass einige wertvolle Menschen, darunter die Zeugin, nach dem völligen Zerfall ihrer Körper mit ihrer Seele auf einem anderen Planeten oder dem Sirius weiterleben könnten…Sie könne die Fähigkeit, nach ihrem Tode auf einem anderen Himmelskörper weiterzuleben, dadurch erlangen, dass sich der ihm bekannte Mönch Uliko für einige Zeit in totale Meditation versetze. Dadurch werde es ihrem Körper möglich, während des Schlafes mehrere Ebenen zu durchlaufen und dabei eine geistige Entwicklung durchzumachen. Dafür müssten allerdings an das Kloster, in dem der Mönch lebe, 30.000 DM bezahlt werden. Die Zeugin…beschaffte sich die geforderte Summe durch einen Bankkredit. Der Angekl. verbrauchte das Geld für sich.

So oft sich die Zeugin in den folgenden Monaten nach den Bemühungen des Uliko erkundigte, vertröstete sie der Angekl. Später erklärte er ihr, der Mönch habe sich bei seinen Versuchen in große Gefahr begeben, gleichwohl aber keinen Erfolg erzielt, weil ihr Bewusstsein eine starke Sperre gegen die geistige Weiterentwicklung aufbaue. Der Grund dafür liege im Körper der Zeugin; die Blockade könne nur durch die Vernichtung des alten und die Beschaffung eines neuen Körpers beseitigt werden…Der Angekl. spiegelte ihr vor, in einem roten Raum am Genfer See stehe für sie ein neuer Körper bereit, in dem sie sich als Künstlerin wiederfinden werde, wenn sie sich von ihrem alten Körper trenne. Auch in ihrem neuen Leben benötige sie jedoch Geld. Es lasse sich dadurch beschaffen, dass sie eine Lebensversicherung über 250.000 DM (bei Unfalltod 500.000 DM) abschließe, ihn unwiderruflich als Bezugsberechtigten bestimme und durch einen vorgetäuschten Unfall aus ihrem `jetzigen Leben scheide´. Nach Auszahlung werde er ihr die Versicherungssumme überbringen. Die Zeugin schloss einen Versicherungsvertrag…ab…Ihr `jetziges Leben´ sollte die Zeugin nach einem ersten Plan des Angekl. durch einen vorgetäuschten Autounfall, nach einem späteren Plan dadurch beenden, dass sie sich in eine Badewanne setzt und einen eingeschalteten Fön in das Badewasser fallen lässt. Auf Verlangen und nach den Anweisungen des Angekl. versuchte die Zeugin, diesen Plan am 1.1.1980 in ihrer Wohnung in Wildbad zu realisieren, nachdem sie zuvor, einer Anregung des Angekl. folgend, einige Dinge getan hatte, die darauf hindeuten sollten, dass sie ungewollt mitten aus dem Leben gerissen worden sei. Der tödliche Stromstoß blieb jedoch aus…Der Angekl., der sich in Baden-Baden aufhielt, war überrascht, als die Zeugin seinen Kontrollanruf entgegennahm. Etwa 3 Stunden lang gab er ihr in zehn Telefongesprächen Anweisungen zur Fortsetzung des Versuchs, aus dem Leben zu scheiden. Dann nahm er von weiteren Bemühungen Abstand…"

Gift und Mitgift

In seinem Buch *„Ein Königreich als Mitgift"* zeigt der Publizist *Reinhard Lebe* politische Dimensionen des (Gift-)Mordes auf. In ein Märchen kleidet er ein historisches Ereignis:

> „Es war einmal eine hübsche Königstochter, die einen jungen König aus fernen Landen heiratete. Doch das Glück des Paares währte nicht lange, denn ein mächtiger Nachbar hatte ein Auge auf die Besitztümer der frisch Verheirateten geworfen. Als der junge König überraschend und unter merkwürdigen Umständen starb, wollte dieser begehrliche Bösewicht die gerade Verwitwete mit seinem eigenen Sohn vermählen. Aber die Trauernde weigerte sich standhaft, den widerwärtigen Prinzen, der womöglich Beihilfe zum Mord geleistet hatte, zu ehelichen. Dafür kerkerte der Möchtegernschwiegervater sie dann ein. Kam der ritterliche Retter? Ja, das Märchen ereignete sich wirklich und der herbeigeeilte König *Otto* befreite die schöne Erbin und heiratete sie alsbald. *Otto*, den man auch den Großen nennt, wusste schon warum. Denn die Mitgift der *Adelheid* war das Königreich der Langobarden – der erste Schritt Richtung Rom und Kaiserkrönung, die dann tatsächlich im Jahre 962 erfolgte, war getan."

Die schönsten Krimis verzichten auf Tötungen

Preisgekrönt werden sollten jene Schreibtischtäter, die in ihren Mordsgeschichten niemand zu Tode kommen lassen. Aber welcher Krimi verzichtet schon auf Blut, Zinksärge, Täterklischees? Der vorangegangene Fall zeigt, dass es gelegentlich in der Realität *„Happy Ends"* gibt. Auch in fiktiven Geschichten kann es ohne Tote und doch amüsant, intelligent und spannend zugehen. Das zeigt *Ingrid Noll*:

Erst 60-jährig startete sie als Autorin und setzte sich 1991 sogleich durch mit ihrem Kriminalroman *„Der Hahn ist tot"*. DIE ZEIT berichtet:

> „Plötzlich, zwischen Kochtopf und Bügelbrett, begann *Ingrid Noll* zu morden. In Gedanken. Und weil sie sich in Frauen besser einfühlen kann, machte sie eine Frau zu ihrer Heldin, Rosemarie Hirte, Anfang 50, Versicherungsangestellte, im Leben und in der Liebe zu kurz gekommen. Resolut und mit ungeahnter Zähigkeit verfolgt die nur ein Ziel: endlich den Mann ihres Herzens zu erobern, allen Hindernissen zum Trotz…Viele Männer, sagt sie, seien humorlos – ein weiterer Grund, warum alle ihre Hauptakteure Frauen sind. Ihre mordenden Ladies, ob jung oder alte Jungfer, ob solo oder im Duett, verbreiten beste Laune, wenn sie sich dranmachen, lästige und langweilige Störenfriede beiseite zu schaffen. Die mörderischen Auswege aus Lebens- und Liebeskrisen sind gepflastert mit trockenem Witz und böser Ironie…Es fließt kein Blut in ihren Geschichten…Sie können nicht einmal eine Mausefalle aufstellen, sagt sie. Doch Vorsicht: Die Mordsgeschichten, wie amüsant, fast heiter, auch immer, haben Widerhaken. Denn *Ingrid Noll* blickt ihren Heldinnen in die verletzten, vernarbten Seelen, lässt blitzartig Abgründe erkennen, Orte, wo die dunklen Gedanken und Neurosen gedeihen. `Ich kenne meine Personen sehr gut, ich nehme sie mit in meine Träume, und sie sitzen bei mir auf dem Sofa und trinken Tee.´ Wenn sie nicht gerade kochen, so gern und so gut wie ihre Erfinderin. In jedem Buch wird ein Rezept erprobt, z.B. dieses: `Mett aus der Pelle drücken, zwei Gewürzkörner ganz am Ende der Wurst durch Gift im Pfeffermantel ersetzen, Masse wieder einfüllen…´ Sie beobachtet scharf und lässt die Personen lebendig werden in Geschichten von ganz normalen Menschen, die den Leser auch `auf sich selbst verweisen´ sollen. Rosemarie Hirte in uns allen? `Die Gedanken sind frei´, lacht *Ingrid Noll*. Hat sie selber schon mal –? `Sie etwa nicht?´"

Ganz anders geartet sind Mordsfälle mit realem oder fiktivem Hintergrund, die keine Täter, wohl aber Tatzeugen haben. Geht das? In diesem Fall schon:

Vermeintlich unbeobachtet wirft eine Frau ihren Plastikbeutel voller Fleisch- und Knochenstücke in den Fluss. Eine andere beobachtet dies, sieht, wie sich das Wasser vom Blut färbt. *„Was machen Sie denn da?"* *„Ich entsorge die Reste meines Mannes."* Die Kunde dringt natürlich bis zur Polizei. Beamte sichern an Ort und Stelle kriminalistisch perfekt Spuren. Experten stellen fest, es sei Tierblut, Reste vom Schlachtobjekt des Mannes. Enttäuschung wohl bei der aufmerksamen Zeugin: kein Gattenmord im Dorf, kein Stoff für Klatsch und Tratsch, kein Lob für erfolgreiche detektivische Arbeit. Verärgerung vielleicht auch bei den Polizisten ob eines überflüssigen, aufwendigen Einsatzes. Kleine Rache: Bußgeldbescheid wegen Verstoßes gegen das Abfallentsorgungsrecht.

Wieder anders ist es, wenn reale Mordstäter den gewünschten Erfolg ihres Werkes vereiteln, indem sie selbst dessen Opfer werden. Der SPIEGEL beschrieb unter dem Motto *„Dümmer geht's nimmer"* im Kaleidoskop herausragender Dämlichkeiten von 1998 den

> „Drogenkriminellen Fernando Varro, der eine Briefbombe an die kolumbianische US-Botschaft schickte, jedoch am Porto sparte – wieso er ausgerechnet auf der Toilette saß, als er das wegen Unterfrankierung retournierte Paket öffnete, konnte der Kokaineiro der Nachwelt nicht mehr mitteilen."

13. Wenn Kriminologen Hochstaplern begegnen

Die Leserschaft erlaube es dem *Verfasser*, in die Ich-Form des Erzählens überzugehen. Nunmehr geht es durchweg um persönliche Erinnerungen. Aufmerksame Leser haben schon in vorherigen Abschnitten erfahren, dass selbst ein Kriminologe beruflich auf Hochstapler stoßen, von ihnen vereinnahmt werden kann. Von drei markanten langjährigen Begegnungen sei hier die Rede.

John Wayne und die Vater-Kind-Station im Strafvollzug

Einmal hatte ich es mit Z. zu tun: Geborener *Knoche*, alias *Bobby Ofarim* (Bruder des deutsch-israelischen Künstlers *Abi Ofarim*), alias Schwiegersohn des amerikanischen Schauspielers *John Wayne jr.*, Bruder von *Linda Wayne* (diese aber tatsächlich Z.'s Ehefrau *A.*). Langjährig wegen krimineller Hochstapeleien in Kassel inhaftiert, wandte er sich über seine Anwältin an mich. Er bat, eine Verfassungsbeschwerde wissenschaftlich zu untermauern. Ziel war die Einrichtung einer Vater-Kind-Station in der Strafanstalt. Sie gebe es unter Verletzung des Gleichbehandlungsgebots nur in Frauenanstalten. Er wolle in einer solchen neuen Station mit seinem kleinen Sohn zusammenleben. Das Kind war bei der Mutter, die ihre Strafe in einer solchen Station einer Frauenhaftanstalt verbüßt hatte. Ich lehnte entschieden ab. Keinerlei Erfolgsaussicht. Schon um des Kindeswohls willen hätte man das Kind bei der Mutter in Freiheit belassen. Selbst Mutter-Kind-Haftstationen seien in das Ermessen der Verwaltung gestellt und würden Risiken bergen. Trotzdem konnte man nach einer spektakulär inszenierten Pressekonferenz in Zeitungen lesen:

Z. stehe vor dem Sieg; er löse *„die sensationellste Gefängnisreform aller bundesrepublikanischen Zeiten aus"*; Hessen plane *"Deutschlands ersten Familienknast";* vor dem Bundesverfassungsgericht werde Z. von einem namhaften Strafvollzugswissenschaftler unterstützt – gemeint war ich.

Später war der Presse zur Vor- und Nachgeschichte zu entnehmen: 1984 hätte Z. beinahe einen diplomatischen Eklat bei dem Besuch von Bundeskanzler *Kohl* in den USA mit angedrohten Enthüllungen über dessen Pressesprecher bewirkt. Amerikanischer und deutscher Geheimdienst klärten in letzter Minute auf. Die von *Z.* kolportierte "Story" von einer Stasi-Agentenschaft des Pressesprechers war bereits dem "SPIEGEL" angeboten und von diesem als offenkundige Fälschung erkannt worden. Gegen das Ehepaar *Z.* wurde daraufhin ein internationaler Haftbefehl erwirkt und in Los Angeles vollstreckt. Das war Grund auch für die Haftaufenthalte beider in Kassel und Frankfurt.

Nach der Haft ging das Ehepaar *Z.* phantasievoll weiter auf hochstaplerischen Wegen. *Z.* erfand und verkaufte nach der deutschen Wiedervereinigung diese "Story" unter dem Namen *Franz Bernhard* von der "*Becker Press Aktuell*": Im Salon *"Kitty"* in der Ost-Berliner Karl-Marx-Allee habe die Stasi ein Edelbordell betrieben. Prominente aus Ost und West seien dort eingekehrt. Als Zeugin wurde eine *Sandra Lehnert* als angebliches damaliges Call-Girl des Etablissements aufgeboten. Sie gab Reportern zum Besten: *"Ich lag in sechs Jahren unter 2500 Kunden."* Mehrere Massenmedien fielen auf den Bluff rein. *Bernhard* und *Lehnert* wurden wiederum vom "SPIEGEL" als die Eheleute *Z.* entlarvt.

Eine wundersame Resozialisierung auf eigene Faust

Begegnungen mit *T.H.* zogen sich über viele Jahre. Es begann damit, dass ein Teilnehmer unserer anonymen Gießener Delinquenzbefragungen bei Erstsemestern auf die Frage nach eventueller Erfahrung mit polizeilichen Vernehmungen in eigener Strafsache ein Verfahren wegen Totschlags angab. Mitarbeiter vermuteten bei der Auswertung bloßes Renommieren oder Spaß. Aber es war wohl eine zutreffende Angabe. Denn später arbeitete ein *T.H.* als angeblicher Student der Sozialwissenschaften in einem Forschungsprojekt für eine Gießener Zeitung über Einstellungen der Bürger mit. In der Redaktion sprach er beiläufig über Merkwürdiges im Studium. So habe er an einer Befragung bei Juristen über Delinquenz und Straftaten teilgenommen. Über seine Erkundungen zu Bürger-Einstellungen durfte er sogar vor dem Polizeipräsidenten referieren. Ihm wurde angeboten, studienhalber an Streifenfahrten teilzunehmen.

Dann fiel mit einem Knalleffekt das Gebäude des "zweiten Lebens" des angeblichen Gießener Studenten in sich zusammen. Aufgrund einer Personenfahndung in der eurovisionsweit ausgestrahlten 275. Sendung von "Aktenzeichen XY – ungelöst" wurde 1995 *T.H.* als ein seit Langem gesuchter Strafgefangener entlarvt. Nach mehreren Haftjahren wegen Totschlags und der Flucht von einem Hafturlaub hatte er sich eine neue Legende als Student zugelegt, aber unter seinem richtigen Namen. Die Verfolgung aufgrund der Fernsehfahndung gestaltete sich dramatisch, einer Provinzposse gleich: Wiedererkennen des Gesuchten durch seinen Vermieter, vergebliche Durchsuchung seiner Wohnung, weiterer Festnahmeversuch bei der Wohnung seiner Verlobten, Flucht beider mit dem Auto, nächtliche Verfolgungsjagd, Flucht von *T.H.* zu Fuß im Stadtwald, Einsatz aller verfügbaren Polizeikräfte, Diensthundeführer und Hubschrauber, vergebliches Absuchen und Umstellen des Waldes mit 130 Beamten bis zum Morgen, vorübergehende Festnahme der Verlobten, Pressekonferenzen, Journalistenrecherche. Alles vergebens. *T.H.* stellte sich schließlich freiwillig und verbüßte den Rest seiner Strafe.

Über die Vorgeschichte dieser vom Polizeisprecher als *"Resozialisierung auf eigene Faust"* bezeichneten Geschichte konnte man Folgendes erfahren: Nach bewegter Kindheit, Rausschmiss durch die Eltern, abgebrochener Lehre, Straftaten wie Raub und Brandstiftung sowie Aufenthalten in Jugendstrafanstalten gelangte *T.H.* 22-jährig wieder in Freiheit. In einem Wohnheim für Strafentlassene kam es zu einem Streit, in dessen Verlauf er einen Zimmergenossen tötete. Zur Verdeckung legte er einen Brand. Das Urteil sah eine Bestrafung zu zwölf Jahren Freiheitsstrafe vor. Nach sieben Haftjahren folgte die erwähnte Flucht vom ersten Sozialurlaub.

Über die Nachgeschichte seit der Verbüßung des Strafrestes und der Entlassung lässt sich Folgendes feststellen: Er wurde Bürovorsteher in einer Anwaltskanzlei. Aber wie die Katze das Mausen nicht lassen kann, wird er abermals in Straftaten verwickelt. Eine Zeitung berichtet 2001:

> „*T.H.* ist eine schillernde Persönlichkeit. Immer wieder hat er in der Vergangenheit den `Hauptmann von Köpenick´ gegeben. Angeklagt wurde er unter anderem, weil er sich auf der Polizeiwache am Berliner Platz als Rechtsanwalt ausgegeben hatte. Vor einem Bordell in Reiskirchen soll er nicht ganz nüchtern randaliert haben. Als der Betreiber die Polizei rief, gab *H.* sich so überzeugend als Mitarbeiter des Landeskriminalamtes aus, dass die Streifenwagenbesatzungen den Anweisungen des `falschen´ LKA-Mannes Folge leisteten.“

2004 dann der einschlägige Rückfall: In der Marburger Gegend soll er einen Banküberfall mit erpresserischer Geiselnahme ohne jede Maskierung begangen haben. Identifiziert durch Überwachungskamera und Bankangestellte gibt er zu, in der Gegend gewesen zu sein. Er bestreitet aber die Tat bis heute. Im Verfahren zieht er alle Register geschickter Verteidigung: Ablehnungsantrag gegen den Gerichtsvorsitzenden, Rüge der Beeinträchtigung der Verteidigung, Benennung von Experten der Kriminaltechnik, die Fehler bei der Identifikation belegen sollen. Dennoch wird er verurteilt zu sieben Jahren.

Und wieder landet er in der Butzbacher Haftanstalt. Dort begegnen wir uns im Rahmen des Kriminologischen Praktikerseminars bei einer Podiumsdiskussion. Er ist von der Gefangenenvertretung als Diskussionsteilnehmer benannt. Mit mir sitzt auch der Vorsitzende Richter aus Marburg am Podium. *T.H.* hat keine Bedenken dagegen. Er nehme das *„sportlich "*.

Es kommt zu einem weiteren Kontakt. *T.H.* fragt eines Tages an, ob ich einem seiner Freunde Rechtsbeistand leisten könne. Der erhalte keine Strafrestaussetzung, weil er nichts über den Verbleib der Tatbeute preisgeben könne. Es ist der Erpresser von *Steffi Grafs* Vater, der Box-Promoter *E.T.* Ich lehne ab. Dennoch geht mir von *E.T.* bald ein Aktenkonvolut zu mit großem Dank für die Bereitschaft, mich seiner Sache anzunehmen. Meine Antwort ist der Hinweis auf das "Missverständnis". Auch diese Haft endete für *T.H.* 2011, allerdings nun nach Vollverbüßung wegen ungünstiger Prognose. Bekannt wird seither nur, dass er in kleinere Verfahren verwickelt wurde und als *"Schriftsteller und Systemkritiker"* mit einem Haftkumpan ein *"Organisationsbüro Recht"* zur Wahrung der Rechte von Gefangenen betreibt.

Betrüger als Experte für Strafvollzug

M.H. war der wohl merkwürdigste Gefangene des hessischen Strafvollzugs. Clever, vielseitig, tragikomisch, für Mitgefangene und Bedienstete eine Herausforderung, anregend und belastend zugleich. Über mehrere Jahrzehnte erstrecken sich Begegnungen.

In meine erste Sprechstunde an der Gießener Universität 1976 kamen drei Herren: Zwei Mitarbeiter des Allgemeinen Studentenausschusses mit dem von ihnen betreuten Strafgefangenen *M.H.* aus der Butzbacher Anstalt anlässlich eines "begleiteten Ausgangs". Er verbüßte eine auf fünfzehn Jahre aufgestockte Strafe wegen Betrügereien. Er sei, so die Betreuer, durch "*learning by doing"* zum Experten für Strafvollzug geworden. Seine Lebensgeschichte ist in der Tat sehr bewegt. Aber der Wunsch, einen Lehrauftrag für Strafvollzug an der juristischen Fakultät zu erwirken, lässt sich nicht erfüllen. Drei Jahre später, einer der Betreuer ist inzwischen Rechtsreferendar, bittet mich dieser, an einer Diskussion in der

Butzbacher Anstalt zum Thema "Gefangenenmitverantwortung" teilzunehmen. Am Podium sitzen weitere Professoren, die bekannte schwedische Bürgerrechtlerin und Kritikerin des deutschen Haftvollzugs *Birgitta Wolff*, außerdem Vertreter der "Gefangenenmitverantwortung", darunter deren Sprecher *M.H.* Nur verklausuliert kann ich auf Probleme eingehen, solche betrugserfahrene Gefangene in Vertretungsgremien zu wählen. Sonst müsste ich offen vor Risiken warnen, dass Vertrauensleute wie *M.H.* trotz ungewöhnlichen Engagements so institutionell Rückendeckung und informelle Macht über Mitgefangene erhalten. Monate später erhalte ich ein Belegexemplar eines Buchs der Gefangenenmitverantwortung und jenes Rechtsreferendars, das ohne jede Rücksprache mit den Podiums-Beteiligten deren Redetexte wiedergibt.

M.H. hat bereits 10 der 15 Jahre verbüßt, als ihm Insiderwissen und weibliche Schwächen den Weg in die Freiheit bahnen. Er geht eine Liaison mit der leitenden Mitarbeiterin des Sozialdienstes ein. Sie besorgt falsche Papiere. Eine "*Flucht rund um die Welt*" beginnt. In den USA genießt er fünf Jahre familiären Glücks, wird fünfmal Vater – später erfährt man von insgesamt zwölf Kindern. Über seine Zeit in den USA heißt es in der Darstellung eines Journalisten:

Er sei u.a. "*erfolgreicher Geschäftsmann, Mitarbeiter einer Gaststätte, Künstler, Unternehmer, Erzieher und Autor*", auch vier Monate "*Polizist und Assistent eines amerikanischen Sheriffs*" gewesen. Er habe "*unter schwierigsten Lebensumständen seine Abschlüsse an angesehenen Universitäten mit Erfolg*" erreicht.

Es kommt erneut zu langen Haftzeiten in mehreren Gefängnissen der Neuen Welt, weil er offenbar nicht vom "Scheckunterschreibungszwang" geheilt war. Noch aus Gefängnissen publiziert er in großen Zeitungen und wertet seine Hafterfahrungen hüben und drüben aus. So gibt er 1992 in der "Frankfurter Rundschau" bekannt, ich benutzte seinen Fall in Vorlesungen als Lehrbeispiel zu Justizmängeln und pflegte ihn als "*höchstverurteilten Bagatelltäter in der bundesdeutschen Rechtsgeschichte*" zu bezeichnen. Nie hatte ich Anlass, ihn so zu charakterisieren. Aber Wunsch und Realität gehen manchmal ineinander über. Wahrscheinlich ist er tatsächlich von der Justiz hart angepackt worden, vermutlich auch, weil er es ihr und anderen oft schwer gemacht hat. So drohten seine und die Beschwerden anderer, von ihm beratener Gefangener gerichtliche Spruchkörper lahmzulegen. Bekanntlich sind Gefangenenbeschwerden selten erfolgreich, solche so cleverer, sachkundiger Insider jedoch überdurchschnittlich oft.

Nach einer weiteren Flucht in die USA und abermaligen dortigen Hafterfahrungen gelangt er zurück in die Heimat. 1999 publiziert er eine auf-
schlussreiche Autobiografie *"Wege nach Georgia"*. Der Klappentext schildert den Autor so:

> "Querdenker, Rebell, Kämpfer für Gerechtigkeit, Insasse von Gefängnissen,
> Flüchtender, Ehemann, Vater, Geschäftsmann, Presse- und PR-Jongleur, In-
> tellektueller, Esoteriker, Künstler." Die Verlagswerbung nennt ihn wieder den
> "höchstverurteilten Bagatelltäter".

Nach weiteren Jahren erfährt man, *M.H.* wirke nun als Menschenrechtsak-
tivist in einem von ihm organisierten *"Unabhängigen sozialen Schreib-
dienst zur Verteidigung der Menschenwürde"*. Da erreicht mich die Bitte
von Förderern des *M.H.*, eine Petition zu unterstützen. Er sei erneut in
Karlsruhe inhaftiert, zu Unrecht, und er befinde sich im Hungerstreik. Ohne Kenntnis der Hintergründe kann man das aber nicht tun. 2008 wird er
wieder wegen gewerbsmäßigen Betrugs zu drei Jahren Freiheitsstrafe verurteilt.

14. Wenn Kriminologen eine Reise tun...

Kriminologen reisen viel. Von Merkwürdigkeiten beruflicher Reisen handeln die beiden letzten Abschnitte. Früher gehörten Notizblock und Reisediktiergerät, nicht Laptop und Notebook, zu meinem üblichen Reisegepäck, außerdem natürlich Badezeug und Reiseführer. Begegnungen mit Land und Leuten, Politikern, Polizisten, Juristen und Gefangenen wurden in Stichworten festgehalten und in ruhigen Momenten diktiert – nicht immer zur Freude der Sekretärin bei dem Nach-Arbeiten. Aber manchmal entlockten die Diktate doch ihr Staunen, Lächeln oder *"Na, sowas"*, etwa bei solchen Einleitungen:

> "Ich sitze gerade vor meinem Hotel an der Copa Cabana, trinke Mate-Tee, genieße den Blick auf flanierende Damen, Boulevard-Mosaiken von *Oskar Niemeyer* und Brandungswellen. Gelegenheit für ein Reisediktat. Eine Bordschwalbe gesellt sich zu mir. Sie bittet um Feuer. Nichtraucher! Ihre Anspielungen steigern sich. Fehlanzeige: Keine Freierslust, nicht einmal ein Drink. Sie geht – und das Diktat weiter."

Oder so:

> "Der Platz in der Thai-Airs neben mir ist frei. Ich kann mich ausbreiten und diktieren. Aber diese Ablenkungen! Zierliche, hübsche Thai-Stewardessen mit ihren dunklen Augen und Haaren, bunten Seidentüchern, keck herausfordernd und zugleich in gebotener oder gespielter Distanz den Fluggast bedienend." Und später im LH-Anschluss-Flieger nach Frankfurt: "Ernüchternde Rückkehr aus Tausendundeinernacht zu mitteleuropäischer Biederkeit."

Oder diese Situation:

> "Schande über den rücksichtslosen Autor: Auf der Rückfahrt im IC. Das Abteil ist leider nicht mehr leer. Ich muss die Abteiltoilette aufsuchen – zum Diktieren...Nun benötigen wohl andere die Toilette. Ich muss schließen."

A propos Abteiltoilette:

In den 1960er Jahren plauderte ein Beamter vom "Bundesbahnfahndungsdienst". Er hatte einen notorischen Fahrkartenschwindler – Theologiestudent seines Zeichens – geschnappt, der sogar noch auf der Zugfahrt zur Gerichtsverhandlung in eigener Strafsache folgenden Trick wohl zum hundertsten Male anwandte: Sobald eine ältere Dame mit Täschchen die Toilette aufsuchte, folgte er ihr unauffällig, klopfte an, ließ sich ihre Fahrkarte mit den Worten *"Fahrausweiskontrolle, bitte reichen Sie Ihre Fahr-*

karte durch einen Türspalt!" geben und verschwand damit, jetzt im Besitze des nötigen "Klopapiers". Ein anderer Student nutzte sparsam den "Gambrinus" – Hamburg – Köln – München – als Wäschekurier: In München – Studienort – legte er den Koffer mit schmutziger Wäsche in ein bestimmtes Abteil; in Hamburg – Heimatort – holte seine Mutter den Koffer ab und legte einen anderen mit gewaschener Wäsche in den Zug der Gegenrichtung.

Lustiges und Trauriges unter dem Zuckerhut

AN DER COPA CABANA: Der deutsche marxistische Politologe *N.* weilt wie ich als Referent des Goethe-Instituts in Rio. Mit seiner Freundin begibt er sich – entgegen touristischem Rat des Personals – samt Anzug ohne Arg an den Hotelstrand. Wer für die Unterdrückten denkt und forscht, dem können gerade diese ja nicht übel mitspielen. Im Sonnenbad – sicherheitshalber auf der Habe sitzend – entfährt es plötzlich der Freundin: *"Wo ist denn Dein Anzug?"* Der war mit Wertsachen verschwunden. Einfacher Trick: Vorn stolpert ein Getränkeverkäufer mit riesigem Sombrero, Tamtam und Bauchladen über die Füße des Badegastes; dieser steht schuldbewusst auf, um dem Gestolperten zu helfen. Derweil ergreifen die hinten "zufällig" vorbeikommenden Jungen blitzschnell die Beute und verschwinden unerkannt.

EBENDA: Ein Geschäftsmann verlässt zum Kurzbummel das Hotel. Zwei freundliche Damen begeben sich an seine Rechte und Linke. Sie bezirzen ihn eine Weile. Er fühlt sich geschmeichelt. Aber er beißt nicht an. Sie verschwinden von der Szene. Er geht weiter und bemerkt bald, dass seine Brieftasche fehlt. Da fährt ein Taxi vorbei. Der Fahrer wirft ihm just diese Tasche zu mit Grüßen von zwei Damen. Der Hintergangene ist überglücklich: Alle Dokumente sind wieder da. Nun ja, das Geld fehlt, aber das ist die geringste Sorge.

KIRCHE CANDELARIA: Als Kirchbesucher bin ich moralisch hin- und hergerissen. Soll man der am Portal kauernden bettelnden Mutter mit Baby im Arm ein paar Cruzeiros spenden oder es unterlassen, weil die Situation für einen Anschlussraub ausgenutzt werden könnte? Unentschlossen wartend bemerke ich bald einen Jungen, der zur Bettlerin kommt, Geld abliefert und wieder geht. Es folgt ein anderer. Das hat System. Eine Bettlerbande. Kein Platz mehr für moralische Skrupel.

NOCHMALS RIOS KIRCHEN: Vor Jahren soll sich die Bettelei auch so abge-
spielt haben:

> "In den Kirchen...arbeiteten Taschendiebe mit vier Händen. Die beiden
> künstlichen hielten sie so, als ob sie beteten, während ihre beiden richtigen
> Hände damit beschäftigt waren, die Taschen der Beter zu erleichtern."

WEGELAGERER: Vom Vortrag in der Universidade Gama-Filho fuhr mich
Rios Polizeichef höchstpersönlich zum Hotel an der Copa Cabana zurück.
Trotz Ampelrots passierte er ohne Halt alle Kreuzungen. Darauf angesprochen, sagte er: *"Ich bin doch nicht so töricht, meinen Gast in die Falle
auflauernder Straßenräuber geraten zu lassen."*

Unterwegs auf Tagungen

STRASSBURG: Der Europäische Kriminologische Rat tagt. Ein Kollege
kommt verspätet mit "Veilchenaugen", geschwollener Backe, blutunter-
laufener Nase. In Gegenwart seiner Frau sei er am Münster von einer Ro-
cker-Clique überfallen und zusammengeschlagen worden. Wir drängen
ihn zur Anzeige. Nach Stunden ist er wieder da. Man habe seine Anzeige
auf der Polizeiwache nicht zu Protokoll nehmen wollen. Zunächst müsse
ein ärztliches Attest vorliegen. Dann sehe man weiter. Erst das Vorzeigen
seines Europarats-Emblems habe die Beamten veranlasst, Notiz von der
Angelegenheit zu nehmen. – Eine der vielen aus Polizeibehörden bekann-
ten *"Abwimmeltechniken"*, um unnötige Arbeit zu vermeiden. Bei uns be-
liebt etwa:

> "Ich bin Schutzpolizist. Gehen Sie zur Kripo." – "Unser Ort ist nicht zustän-
> dig. Gehen Sie zu den Kollegen am anderen Ort." – "Jetzt ist keine Sprech-
> zeit, kommen Sie zur regulären Zeit." – "Seien Sie vorsichtig. Sie können sich
> selbst durch falsche Angaben strafbar machen." – "Wissen Sie, dass Sie alles
> unterschreiben und ggf. unter Eid bezeugen müssen?" – "Einen Verdächtigen
> werden wir nie finden. Hat Ihre Anzeige also noch Sinn?" – "Telefonisch
> nehmen wir keine Anzeige an, am Wochenende schon gar nicht."

MONTREAL: Im größten Hotel finden zwei Tagungen zu gleicher Zeit statt,
darunter die der Internationalen Jugendgerichtsvereinigung. Meine Frau
und ich können vom Schlafzimmer im 10. Stock nicht rechtzeitig zur Kon-
ferenzeröffnung im Parterre gelangen. Die Fahrstühle sind stets besetzt.
Endlich nehmen uns zwei außergewöhnlich beleibte Damen im Lift auf.
Der Rückweg ist ebenfalls chronisch belagert. Weit mehr Damen solchen
Kalibers stehen da. Meine Frau ist erstmals auf diesem Kontinent und

meint, amerikanische Frauen seien aber sehr dick. Im Fahrstuhl entdecken wir Buttons *"TOPS International, Section Ohio"*. Ich fasse Mut und frage nach der Bedeutung des Kürzels: *"Take Off Pounds Successfully"*. Der Parallelkongress beleibter Damen war Grund steter Verkehrsblockade.

NEW YORK, CHINATOWN: Wir bestellen im "family style": Mehrere Schüsseln werden aufgetragen, aus deren Brühe man Fleisch und Gemüse fischt. Der israelische Kollege hatte sich vorher versprechen lassen, alles sei koscher. Nach dem ersten Bissen Fleisch wird er kreidebleich, winkt den Ober herbei, verlangt nach dem Chef, protestiert heftig über das nicht eingehaltene Versprechen. Es war Schwein. Empört verlässt er das Lokal.

NEW YORK, GREENWICH-VILLAGE: Am nächsten Tag beschwert sich unser polnischer Kollege. Seine Kamera sei aus dem Zimmer verschwunden. Sonst sehr liberal und kritisch gegenüber dem kommunistischen Regime seiner Heimat (1974) äußert er nun befremdet: *"Das würde es bei uns in Warschau nicht geben."* Ich merke an, mir sei Ähnliches in Krakau passiert, aber Polizei und Hotelleitung hätten es für völlig ausgeschlossen erachtet.

KUALA LUMPUR: Mein Vortrag wird simultan übersetzt. Ein deutscher Kollege hatte zuvor an dieser Universität referiert. Der Mitschnitt der Übersetzung war ihm später ausgehändigt worden. Er ließ sie sich neugierig von seiner aus Malaysia stammenden Mitarbeiterin ins Deutsche rückübersetzen. Nun war zu lesen: *"Säuglinge saufen und fressen und werden doch nicht satt."* In freier Rede hatte er auf Englisch geschildert, viele Wohlstandskinder würden materiell gut versorgt, jedoch seelisch vernachlässigt.

JERUSALEM, ALTSTADT: Mit meiner Frau besuche ich trotz Warnungen den Altstadt-Basar. Abenddämmerung setzt ein. Plötzlich fallen alle Sicherheitsjalousien herunter. Wir werden gewahr, dass sich die Gassen schon vorher geleert hatten. Intifada. Allein, ohne Schutz. Wir eilen Richtung Jaffa-Tor. Da greift uns eine dunkle Gestalt und zerrt uns in eine Tür. Wir meinen, Opfer einer Aggression zu sein. Dann entpuppt sich der "Entführer" als "Beschützer". Er will uns Geleitschutz, zunächst aber Kaffee geben, damit wir in Ruhe Schmuck in seinem Laden ansehen können. Nach Intifada-Regeln ist jetzt jeder Handel im Basar verboten. Natürlich erliegen wir dem Kaufdruck und verlassen – beschützt vom Schmuckhändler – schließlich mit Arm- und Halsschmuck die Altstadt.

MIAMI, RAUSCHGIFT-COPS: Ich begleite forschungshalber eine Drogen-Polizeistreife. In dieser Nacht werden von drei Einsatzwagen unter Mitwirkung einiger *„undercover agents"* zwei Crack-Dealer gefasst. Minimalmengen Drogen und 10-Dollar-Deals. Geradezu lächerlich. Außerdem zwei Autodiebe. Alle Gefassten werden ziemlich ruppig behandelt, die "Crack-Häuser" (ärmliche Hütten) sofort verwüstet. Meine vorsichtige Frage an den Einsatzleiter: *"Ist das noch verhältnismäßig?"* Antwort: Ich müsse das verstehen, vor dem Haushaltsjahresabschluss müssten die (Fall)Zahlen stimmen.

SAN FRANCISCO: Eine Kriminologin zeichnete 1991 auf dem amerikanischen Fachkongress ein aufrüttelndes Bild vom hysterischen Krieg gegen Drogen. Als neuen Tätertypus hat man schwangere Drogenkonsumentinnen im Visier: *"Fetal abuse"* und *"crack babies"* sind die Stichworte. Juristisch-rabulistisch wird versucht, Mütter, welche als Schwangere Drogengebrauch hatten, wegen Weitergabe von Rauschgift an Minderjährige *(„mütterliche Übertragung von Drogen in utero")*, Kindesmissbrauchs, Tötung oder Vernachlässigung der Sorgepflicht anzuklagen. Klinikpersonal wird zu Anzeigen verpflichtet. In Florida wurde eine Frau zu 15 Jahren mit Bewährung verurteilt. Der Drogen-Zar *Bennett* fordert, solchen Müttern das Kind zu entziehen. Senator *Wilson* schlägt vor, Drogen gebrauchende Schwangere in dreijährige Zwangsbehandlung zu nehmen. Moderne Hexenverfolgung im aufgeklärten Amerika.

MANILA, SLUMVIERTEL: Zu Besuch in einer Selbsthilfeeinrichtung für verwahrloste, ausgesetzte, streunende, missbrauchte Kinder, darunter Jungen, die mit Plastiktüten am Gesicht aufgegriffen werden – *„Shabu-Schnüffler"*. Nachts wird ein 13-jähriger Schnüffler „abgeliefert", schmutzig, hungrig. Im Haus ist Dealen verboten. Er verstößt dagegen und wird der Polizei übergeben. Morgens ist er schon wieder da. Befragt, wie das möglich sei, gibt er zu, der Polizei die Hälfte seines Deal-Erlöses abgegeben zu haben und dafür freigelassen worden zu sein: Korruption im Kleinen. Weiter oben sind es andere Ausmaße, wie Senator *Herrera* amtlich zu Protokoll gegeben hat. Beschlagnahmte Drogen gelangen großenteils von der Polizei in den illegalen Markt zurück: Kreislauf der Drogen.

Diktaturen und untergehende Militärregimes

BUDAPEST: Internationaler Strafrechtskongress 1974. Beim Frühstück im Hotel treffen Kriminalwissenschaftler aus aller Welt zusammen. Ich warte vergeblich auf Bedienung. Mein polnischer Kollege bedeutet der Serviererin, ich sei Deutscher-West. Nun widerfährt mir freundlichste Zuwendung. An den Nachbartisch setzt sich eine geschlossene Gruppe – die DDR-Delegation – in Kadaver-Gehorsam unter Anführung eines berüchtigten Professors nieder. Er ist es, der jeden Kontakt zu Nachbartischen und westlichen Kollegen strikt zu unterbinden weiß. Deutsche-Ost werden vom Personal wie Aussätzige behandelt.

CORDOBA, ARGENTINIEN 1983: Hinhaltender Widerstand der Obrigkeit des bröckelnden Systems von Militärs gegen meinen Vortrag über Strafvollzug. Verbot, ihn öffentlich anzukündigen. Zugleich große Erwartungen von Studierenden und Haftmitarbeitern, die von dem Vortrag erfahren haben. Ich stelle das Thema spontan um. „Strafvollzug als Staat im Staate" lautet es jetzt. Es geht um die deutsche Erfahrung, dass selbst unser Grundgesetz zwei Jahrzehnte benötigte, die Bastion Strafvollzug zu bezwingen, den Grundrechtsstatus auch Strafgefangener anzuerkennen. Das Bundesverfassungsgericht sprach erst 1972 ein Machtwort. Spannungsgeladene Atmosphäre im überfüllten Saal. Nur über unser Land spreche ich. Keiner kann mir Einmischung in innere Angelegenheiten des Gastlandes vorhalten. Fragen nach meiner Beurteilung von Haft, Folter und Sicherheitsgesetzen in Argentinien weiche ich aus, weil ich mich ja erst kundig machen wolle. Gleichwohl fühlt sich der Strafanstaltsleiter, ein Militär selbstredend, berufen, meine Ausführungen scharf zu dementieren: Es gebe keine Grundrechtsmissachtung in dortigen Gefängnissen. Ich hatte es gar nicht behauptet, aber offenbar ins Schwarze getroffen.

ISTANBUL: Deutsch-türkische Expertentagung über Alkoholismus 1983. Das Kultusministerium hat seine Forderung fallen gelassen, die Tagung nach *Kemal Atatürk* zu benennen, aber erst nach diskretem Hinweis der deutschen Seite auf missverständliche Deutung wegen der Alkoholproblematik des Vaters der Türkei. Bei der Ankunft die schockierende Mitteilung, der Tagungspräsident – *Metin Özek*, international renommierter Psychiatrie-Professor – sei als Mitglied der Friedensbewegung wieder mal inhaftiert. Statt abzureisen, führen wir die Tagung durch, um im Stillen fruchtbar zu wirken. Wir recherchieren Hintergründe. Die Militärjustiz hat 30 Intellektuelle, u.a. den Präsidenten der Anwaltskammer, eingesperrt. Nach der Reise schalten wir westliche Politiker ein, die Hafterleichterungen bewirken. Erst nach Jahren wird *Özek* rehabilitiert.

TEHERAN, SCHIRAS: Auf der ersten und einzig gebliebenen relativ offenen wissenschaftlichen Konferenz zu Alkohol- und Drogenproblemen 2000 in Iran kamen Religions- und Revolutionsrichter mit Experten aus dem Iran und wenigen geladenen Gästen aus anderen Ländern zusammen. Ich durfte Deutschland vertreten. Liberale und erzkonservative Kräfte prallten zusammen, etwa in der Frage um die Todesstrafe. Die ersteren trauten sich manche Widerrede zu – es war die Zeit der Öffnung unter dem Präsidenten *Chatami*. In den rosenreichen Musalla-Gärten von Schiras wurden wir Gäste ehrfürchtig an das Grabmal des als größten persischen Dichters gefeierten *Hafis* geführt. Auf der Konferenz war noch das im Iran ebenso wie in Golfstaaten auf den Koran gestützte absolute Alkoholverbot betont worden, das bei wiederholtem Verstoß Todesstrafe zur Folge haben kann. Wie verträgt sich das mit der Verehrung von *Hafis*? *Goethe* hatte bekanntlich diesem Dichter des „*Diwans*" vierhundert Jahre später im „*West-Östlichen Divan*" ein Denkmal gesetzt, ihn und sich als „*Zwillingsbrüder im Geiste*" erkannt. Beide meinten, nur mit Alkohol dichten zu können.

> *Hafis:* „Labe dich der freudenreiche Wein, der Kuss der jungen Maid – manche wunderlichen Streiche ziemen wohl der Jugendzeit."
> *Goethe:* „Wie du zu lieben und zu trinken – Das soll mein Stolz, mein Leben sein."

Gefängnisse in aller Welt

HAMBURG-FUHLSBÜTTEL: „*Santa Fu*" wird das ehemalige, zeitweilig berüchtigte Zuchthaus genannt. Vor 55 Jahren besuchte ich es als Student im rechtsmedizinischen Kurs. Gerade hatte einer unserer Juraprofessoren durch ein Gutachten erreicht, dass allzu rigide Sicherheitsmaßnahmen unterbunden wurden. Vorher hatten scharfe Hunde an den Außenmauern dafür gesorgt, dass kein Gefangener entwich; einer war zu Hundefutter geworden. Im Krankenbau waren Gefangene ohne Narkose operiert worden, weil man so des grassierenden „*Schnippelns*" oder „*Schluckens*" Herr werden wollte; Langstrafer hatten sich nämlich angewöhnt, Metallmaterial zu schlucken oder Pulsadern zu öffnen, um der Langeweile des Zellenalltags zu entgehen und in das Krankenrevier verlegt zu werden.

HAMBURG-OCHSENZOLL: Ebenfalls berüchtigt war das „Haus 18" des forensisch-psychiatrischen geschlossenen Krankenhauses. Als Richter-Dozent wollte ich mir um 1970 ein eigenes Bild machen und vereinbarte einen Besuch. Der Großschlafraum bot ein jämmerliches Bild. Auch sonst erkennbare Missstände. Aber die Untergebrachten schienen ziemlich gelassen. Später klärte mich ein Student, der dort mit Nachtwachen Geld verdiente, auf. Man hatte eigens für meinen Besuch „*Potemkinsche* Dörfer" errichtet: Kleine Arbeitsbetriebe mit einfachen Geräten gab es nur während des Besuchs; nörgelnden Patienten hatte man unerwartet Hofgang gewährt, so dass ich sie gar nicht befragen konnte.

BUDAPEST: 1974 besuchten wir, Tagungsteilnehmer aus vielen Ländern, die einzige ungarische Haftanstalt für 14-16-jährige Straftäter. Während des *Kádár*-Regimes war das immerhin möglich. Auch dort ließ *Potemkin* grüßen. Vom offiziellen Weg etwas abgewichen blickte ich in Seitenräume, die einen ganz anderen Eindruck vermittelten, nicht für den Besuch eigens renoviert waren. Kritische Fachfragen wurden abgewimmelt. Meine Frage nach „Subkultur" und Homosexualität in der Anstalt wurde in der Logik *Palmströms* beantwortet, es seien doch Jugendliche, also komme so etwas nicht vor. Ein ausgedehntes Kulturprogramm schob Riegel vor weitere Informationswünsche der Besucher. Eine in neueste Tracht gesteckte Zigeunermusikband bot brav ihr Bestes. Die englische Kollegin wollte wissen, warum die Spieler so tottraurig wirkten. Fadenscheinige Antwort: Sie seien sehr aufgeregt bei ihrem ersten internationalen Auftritt. Sprechen durften wir nicht mit ihnen.

BUENOS AIRES: 1983 als Gastbesucher in dem Gefängnis „*Unidad I – Pichincha*". Es ist mit Unterstützung durch die USA errichtet worden, was sich an den „*grill doors*" – Zellen ohne direktes Licht, vom Flur aus durch eine Gitterfront allzeit einsehbar – bestätigte. Im obersten Stock die „Politischen", viele der Folter ausgesetzt. Den Zugang hier verweigerte der Direktor. Statt dessen präsentierte er mir stolz den „Bauch" des Gefängnisses: Vorräte, technische Anlagen und eine neue Zelle mit Kühlvorrichtungen für mehrere Leichen. Der Frage nach dem Bedarf wich er aus. Tage darauf wurde ich als Zuhörer einer richterlichen Vernehmung zur Foltererfahrung eines der dort im „politischen" Trakt Untergebrachten auf verschlungenen Wegen eingeladen – streng vertraulich. Das war am Ende der auslaufenden Diktatur möglich. Die Richterin zeigte Zivilcourage.

RIO. Im Jahr zuvor war ich Gast im größten Männergefängnis. Überfüllt barg es Tausende Gefangener. Der Direktor – in hohem militärischen Rang – empfing mich für eine längere Audienz in seinem Prunkzimmer. Offenkundig war er mit seinem Assistenten innigst verbunden. Ebenso offenkundig wollte er nichts von allseits spürbarer Subkultur und Korruption bemerken. Bücherfassaden – dem Besucher zugewandt – zierten seinen eleganten Schreibtisch. Aus dessen Schublade zog er das Gästebuch, damit ich es studierte und durch eigene Grußworte ergänzte. Stolz zeigte er mir, dass sich um 1900 schon der berühmte italienische Kriminologe *Enrico Ferri* und jüngst eine deutsche Polizeigewerkschaftsdelegation mit lobenden Worten in das Goldene Buch eingetragen hatten. So sollte auch ich es halten. Mein Eintrag fiel jedoch diplomatisch höflich, sehr abstrakt aus mit dem Hinweis auf Gefängnisprobleme in allen Anstalten der Welt. Großes Missbehagen über diesen Eintrag. Der Rundgang belegte dem Eingeweihten: Ruhe vor dem Sturm. Bald darauf fand tatsächlich eine der in überfüllten, allein auf Sicherheit bedachten Haftanstalten erwartbaren, dieses Mal besonders spektakulären Meutereien mit Geiselnahme und vielen Toten auf beiden Seiten statt. Erstrebte größte Sicherheit gebiert das Gegenteil; Überdruck führt zur Explosion.

PORTO ALEGRE: Eine merkwürdige Begegnung als Besucher eines Gefängnisses im Süden Brasiliens. Ich sprach mit einem wegen Totschlags inhaftierten Journalisten. Üblicherweise enden solche Verbrechen sozial gut Situierter mit Freispruch oder milden Sanktionen. Man hat eben aus Notwehr getötet. Hier war es anders. Das Opfer war die Schwester eines Staatsanwalts. So erklärt sich die Strafe von 12 Jahren. Rücksichtnahme dann aber im Vollzug: Jeder Gefangene sei ja möglichst entsprechend seiner Vorbildung zu beschäftigen. Der Journalist bewohnte ein Zwei-Zimmer-Appartement in einem für Funktionsgefangene reservierten Flügel. Er arbeitete für eine Rundfunkanstalt und sendete regelmäßig Beiträge als *„Stimme aus dem Knast"*. Seine Frau assistierte ihm tagsüber. Mit dem Anstaltsleiter bestand ein Gentleman´s Agreement, das eine Zensur weitgehend vermied.

BALTIMORE: Was eigentlich unmöglich ist: mehr als äußerste Sicherheit – in den USA ist es möglich. Wir besuchten vom Amerikanischen Kriminologenkongress mit 40 Teilnehmern 1995 ein *„Super Maximum Security Penitentiary"*. Eine Stunde Kontrollprozeduren. Brille, Gürtel, sogar Medikamente abgeben. Dröhnende Grill-Door-Flure. Frage an den Direktor nach Drogen in der Haft. Antwort unerwartet offen: *„Drogen – wie in allen Gefängnissen der Welt!"* Im obersten Stockwerk die *„death row"*, allseits einsehbare Todeszellen und die gläserne Gaskammer. Frage des Direktors an die Gäste: *„Will jemand in die Kammer gehen?"* Fast alle wollen es. Eine Besucherin später dazu: *„Kriminologen sind eben hart im Nehmen."* Was nimmt man denn außer einem Grusel-Thrill? Wären Fotos zugelassen worden, hätte man sich wohl wechselseitig in der Todeskammer fotografiert, wie es in der Werbung für das Polizeimuseum in Miami bebildert steht: *„Bring a camera und get ´framed´"*. Inzwischen ist übrigens längst die Steigerung solcher Sicherheitsanstalten gefunden: *„Super Super Max"*.

15. Wenn das Leben die fernsehreife Krimi-Folge schreibt

Zuletzt eine Geschichte, die sich während eines längeren Aufenthalts in der Neuen Welt bot: eine Krimi-Geschichte aus dem Leben an Floridas Stränden. Täglich stieß ich in Gesprächen mit Polizeiexperten, in Floridas Gazetten, im TV auf sensationelle, skandalöse, amouröse Highlights eines ausklingenden Sommertheaters. Der Spielplan bot Tragikomödien um *Noriega* und den *Kennedy*-Enkel *William*: Korruption, Waffen- und Drogenhandel, CIA-Verstrickungen in Sachen des ehemaligen Staatschefs von Panama; Freispruch von *William Kennedy-Smith* trotz erdrückenden Beweismaterials im Strafverfahren wegen Vergewaltigung, weil die Macht des *Kennedy*-Clans bis ins Gericht reicht. Zur Nummer 1 des Spielplans rückte aber plötzlich die „*Willets*-Saga" auf.

Stars in dieser schier endlosen realsatirischen Justiz-Krimi-Fortsetzungsgeschichte á la „*Dallas*" waren: *Jeffrey Willets,* 41-jähriger Hilfssheriff; dessen Frau *Kathy,* 33-jährige mollige Blondine, die mit ihm ein Haus in Miamis Vorort Tamarac bewohnt; ihr gemeinsamer Starverteidiger *Ellis Rubin,* sozusagen der *Bossi* von Florida; *Doug Danziger,* gewählter Magistratschef von Fort Lauderdale, bekannt wegen seines Kreuzzugs gegen Nacktbars in Floridas „*Sodom South*"; dessen ärgster Feind *Mike Peter,* Besitzer solcher Clubs, derzeit auf Kaution freigelassen in einem Verfahren wegen Kindesentführung und Erpressung; letztlich *Steve Wilson,* Reporter von „*Inside Edition*", einem TV-Sensationsmagazin. In Nebenrollen Rechts- und Staatsanwälte, Richter, Journalisten, Informanten, Politiker, nicht zuletzt die Droge „*Prozac*" – ein Antidepressivum, dem angebliche Verstärkung von Gewalt- und Selbstmordneigungen zugeschrieben wurde.

– ERSTE FOLGE der Geschichte: Am 23. Juli 1991 wird das Ehepaar *Willets* wegen Zuhälterei und Prostitution verhaftet. Da das Gewerbe in den USA strafbar ist, bedürfen die Damen männlicher Kundenvermittler – „*Pimps*". Polizist *Jeff* soll seiner Frau *Kathy* Kunden – „*John Does*" – für Liebesdienste im gemeinsamen Tamarac-Heim zugeführt haben. Einnahmen: 2000 Dollar wöchentlich. Beide nehmen sich Staranwalt *Rubin.* Er will sie rauspauken.

– ZWEITE FOLGE: Nach vorherigem Bestreiten schwenkt man auf eine „*Nymphomanie-Verteidigung*" um – erste juristische Pikanterie im

Fall: *Kathy* sei durch die Droge „*Prozac*" einem „*unsatisfiable sexual appetite*" verfallen. Ihr häufiger Verkehr sei therapeutisch zu verstehen. So nebenbei lässt *Rubin* durchblicken, unter ihren Kunden sei ein prominenter Wahlbeamter. Über ein Dutzend Männer soll um die Preisgabe ihrer Namen bangen. Bei der Durchsuchung des Tamarac-Liebesnests hat die Polizei nämlich Tonbandaufzeichnungen mit Kundentelefonaten von fünf Stunden Länge und ein Terminbuch mit Namen, besonderen Kundenwünschen und Preisen sichergestellt.

– DRITTE FOLGE: Ende Juli lüftet sich ein erstes Kundengeheimnis. Ausgerechnet *Doug Danziger,* Saubermann von Fort Lauderdale, tritt von seinem Amt als stellvertretender Bürgermeister zurück. Gerüchte wissen schnell um eine Verbindung mit der *Willets*-Sache. Der Fall gewinnt Beachtung in führenden Medien Amerikas. Erinnerungen an Skandale um den über die Sex-Affäre mit dem Model *Christine Keeler* gestürzten britischen *Lord John Profumo* oder die über Liebesabenteuer mit deutschen Prominenten zu Tode gekommene *Rosemarie Nitribitt* werden wach.

– VIERTE FOLGE: Anfang August erneuter Schwenk in der Verteidigungsstrategie. *Kathy* habe durch ihre Dienste *Jeff* helfen wollen, der an Impotenz leide. Er habe aus einem Schrank die Liebesszenen beobachten dürfen. *Rubin: „Das habe ich nicht erfunden.* " Staatsanwalt *Joel Lazarus* dehnt inzwischen die Vorwürfe auf illegale Aufzeichnungen von Telefonaten aus. Spekulationen über Kundennamen schießen ins Kraut. Anwälte anonym bleibender Betroffener – mittlerweile sollen 50 Prominente darunter sein – bedrängen das Gericht, die Namensliste nicht freizugeben.

– FÜNFTE FOLGE: Staatsanwalt und Verteidigung lassen sich offenbar auf ein „*plea bargaining*" (Geständnishandel) ein. Der *Willets*-Deal soll so aussehen: Beide bekennen sich schuldig der Zuhälterei, Prostitution und illegalen Telefonaufzeichnung; *Jeff* kommt 3-12 Monate hinter Gitter, *Kathy* auf Bewährung frei unter der Auflage, sich auf Aids untersuchen und wegen ihrer Neigungen behandeln zu lassen.

– SECHSTE FOLGE: Just als der Deal vor Gericht besiegelt werden soll, zündet der Reporter *Steve Wilson* am 10. September eine Bombe. Ihm sei in *Rubins* Anwaltsfirma von den Anwälten *Guy Rubin – Ellis'* Sohn – und *Guy Seligman* für die TV-Show „*Inside Edition*" ein Video mit Bettszenen von *Kathy Willets* und *Doug Danziger* gezeigt worden. Mindestpreis für den Kauf: 60.000 Dollar. Weitere Nackt-Videos von *Kathy,* ein „*Interview ohne Grenzen*" mit ihr und die vielgesuchte

Kundenliste habe man mit einem Video als Paket für 100.000 Dollar vermarkten wollen. Er – *Wilson* – habe abgelehnt. Andere Magazine – *„National Enquirer"* und *„Playboy"* – wollen ebenfalls Angebote über *Rubin* für Exklusivinterviews mit dem Paar erhalten und zurückgewiesen haben.

Staatsanwalt *Lazarus* erklärt, jetzt müsse sich *Rubin* verantworten. Solche Aufzeichnungen zu zeigen, sei gleichfalls strafbar und womöglich Parteiverrat. *Rubin* weist auf einer eilends einberufenen Pressekonferenz alle Vorwürfe von sich. Zwar besitze er in seinen Verteidigungsunterlagen ein gewisses Video, das *Jeff* im Schlafzimmerschrank der *Willets'* aufgezeichnet habe. Die vermögensrechtlichen Angelegenheiten des Paares nehme aber allein Anwalt *Seligman* wahr. *Guy Rubin* habe lediglich dem Gespräch beigewohnt, um Überschneidungen mit der Strafverteidigung zu verhindern. Das TV erfinde eine Story, und *Wilson* habe sich unter Vorwänden Zutritt verschafft. Wenn sich jemand strafbar gemacht habe, dann nicht er selbst, sondern jener Reporter, der nun behauptet, mit versteckter Kamera in der Anwaltsfirma Aufzeichnungen gemacht zu haben.

– SIEBTE FOLGE: Am 11. September platzt der Geständnishandel. Spätestens jetzt verdächtigt man die *Willets,* sie hätten Erpressungen ihrer Kunden im Sinn gehabt. *David Bogenschutz, Danzigers* Anwalt: *„Es ist keine Frage, dass es ihnen von Anfang an darum ging."* Sein Mandant habe mit seinem Rücktritt einen Schluss unter die Affäre ziehen wollen. Nun werde er endlos weiter gequält. Wie er würden die anderen Kunden Höllenqualen ausgesetzt, sagte der Anwalt eines anderen *„John Doe".* *Rubin* setzt derweil zum Gegenangriff an. Staatsanwalt *Lazarus* blockiere bei Gericht die Freigabe der Liste, um einen Familienfreund zu schützen. Und *Wilson* hält vor den TV-Zuschauern *„sein"* Video in Händen. Alle werden in Aufregung, manche in Angst gehalten: Ist *Danziger* darauf? Wird es vorgeführt werden? Wann? Warum noch nicht jetzt? Um Einschaltquoten zu erhöhen? Wegen möglicher Strafbarkeit? Oder nur ein Bluff?

– ACHTE FOLGE: Neue Enthüllung tags darauf. *Jeff* soll schon unmittelbar nach seiner Verhaftung, lange vor dem Angebot an *Wilson,* das *Danziger*-Video über Mittelsleute *Danzigers* Erzfeind *Mike Peter* angeboten haben, jenem Nacktbarmanager, Herrscher über ein *„Imperium der Erotica",* um dessen Vertreibung aus Fort Lauderdale *Danzigers* Behörde jahrelang bemüht war. *Peters'* Verteidiger *Fred Haddad* erklärt, trotz allem habe sein Mandant entrüstet das niederträchtige Angebot ausgeschlagen. Doch will *Haddad* nun *Danziger* als Zeugen im Verfahren gegen seinen Mandanten benennen. *Kathy Willets* habe nämlich früher als Cocktaildame in einem von *Peters* Clubs gearbeitet. Womöglich sei sie die *Danziger*-Informantin gewesen. Die Sache gewinnt geheimdienstliche Züge.

– NEUNTE FOLGE: Anwalt *Richard Rosenbaum* meldet sich Mitte September für einen weiteren „*John Doe*". Erstmals Anzeichen, Erpressungsmotive der Sexspiele mit versteckter Kamera belegen zu können. Sein Mandant habe nach dem Vergnügen mit *Kathy Willets,* während sie ins Bad gegangen sei, verdächtige Geräusche aus dem Schrank gehört. In Panik sei er rausgelaufen und weggefahren. Sogleich habe ihn *Kathy* über das Autotelefon aufgefordert, die 150 Dollar zu zahlen. Zurückgekehrt, habe er ihr schnell das Geld hingeworfen. Am Arbeitsplatz sei er dann von einem „*Scott*" erneut angerufen und bedroht worden, falls er nicht die restlichen 50 Dollar bezahle – „*Wir kennen den Namen Ihrer Frau!*" Inzwischen schiebt ein Appellationsgericht in West Palm Beach die Entscheidung über eine Freigabe der Kundenliste auf. Und Floridas Generalstaatsanwalt schreibt an *Rubin:* Alle Gelder seien der Staatskasse zu erstatten, die im Falle einer Verurteilung aus Film- und Buchrechten der *Willets* gewonnen würden. Warum soll der Straftäter sein Verbrechen nachträglich noch vermarkten dürfen? Anhaltend fragt man sich in Florida: „*Wer steht auf der Liste?*" Trittbrettfahrer sind zur Stelle. *Jack Shifrel* von einem Marketing-Unternehmen bringt Buttons für drei Dollar unter die Leute: „*Ich bin nicht auf der Liste*". Er tut das aus „*humanitären Gründen*". „*Ich mach das nicht, um viel zu verdienen. Ich dachte nur, einige Leute möchten gern ihre Freunde und Familien beruhigen.*" In einem Sandwich-Shop von Oakland Park kann man dagegen T-Shirts kaufen: „*Stolz, auf Kathy Willets' Liste zu sein*".

Happy End: Nach ein paar Monaten anhaltender Spannung, Intrigen, Ängste und Verhandlungen kommt der ursprünglich angepeilte Deal (5. Folge) zustande. Alle verpflichten sich zum Stillhalten. Die Namensliste wird nicht veröffentlicht. Die meisten Betroffenen behalten offiziell eine „weiße Weste".

Personenverzeichnis